BRIEFING: A GESTÃO DO PROJETO DE *DESIGN*

Blucher

PETER L. PHILLIPS

BRIEFING: A GESTÃO DO PROJETO DE *DESIGN*

CREATING THE PERFECT DESIGN BRIEF

A edição em língua inglesa foi publicada
pela Allworth Press

Editora Edgard Blücher Ltda.
2008
3ª reimpressão - 2013

Blucher

Rua Pedroso Alvarenga, 1245, 4º andar
04531-012 - São Paulo - SP - Brasil
Tel 55 11 3078-5366
contato@blucher.com.br
www.blucher.com.br

Segundo Novo Acordo Ortográfico, conforme 5. ed.
do *Vocabulário Ortográfico da Língua Portuguesa*,
Academia Brasileira de Letras, março de 2009.

FICHA CATALOGRÁFICA

Phillips, Peter L.
Briefing: a gestão do projeto de design / Peter L. Phillips; tradução Itiro Iida; revisão Whang Pontes Teixeira. - São Paulo: Blucher, 2008.

Título original: Creating the perfect design brief

Bibliografia.
ISBN 978-85-212-0438-1

1. Produção - Planejamento 2. Projeto de trabalho I. Teixeira, Whang Pontes. II. Título

08-7401 CDD-658.5

Índices para catálogo sistemático:
1. Briefing de design: Administração da produção 658.5

Dedico este livro a
Benjamin J. Phillips e
Rebecca L. Phillips

SUMÁRIO

APRESENTAÇÃO

Ao consultar os arquivos das antigas Conferências Anuais do Design Management Institute – DMI, reli os resumos dos trabalhos apresentados pelos diversos participantes, entre 1978 e 1980. A partir desses resumos pôde-se listar dez a doze assuntos que preocupavam os gerentes de *design* naquela época. Após um quarto de século, esses gerentes ainda continuam a fazer a mesma lista! Nessa lista, os quatro tópicos prioritários são: 1) comunicação com os gerentes não *designers* sobre *design* e *marketing* e vice-versa; 2) comunicação com a administração superior; 3) entendimento sobre o papel do *design* nos negócios; e 4) avaliação dos resultados do *design*. Esses tópicos, e muitos outros, são abordados neste livro de Peter L. Phillips, membro do DMI há mais de vinte anos.

Esta é uma publicação pioneira com orientações práticas sobre a elaboração de *briefings* de *design*. O autor baseou-se em trinta anos de experiência, tanto em empresas como em trabalhos de consultoria, para desmistificar o processo de elaboração do *briefing*. Esse processo envolve trabalho colaborativo entre os executivos da empresa e os projetistas, com muitos benefícios para ambos os lados.

O livro preenche uma grande lacuna, pois geralmente o estudo do *briefing* não faz parte dos currículos dos cursos de *design*. Muitos profissionais da área desenvolveram formatos e processos próprios para elaboração do *briefing*. Com as orientações aqui contidas, esse processo poderá ser bastante sistematizado e aperfeiçoado. Muitos leitores encontrarão aqui um novo modo de abordar e escrever o *briefing*. Esse processo também contribuirá para colocar o *design* em uma posição estratégica dentro da empresa.

O DMI sente orgulho em patrocinar a edição deste livro, dentro de sua missão de difundir instrumentos de gestão e realizar treinamentos dos *designers* em todo o mundo. O DMI tem também o compromisso de elevar o conceito do *design*, para que seja considerado uma das estratégias corporativas das empresas.

Este livro deverá constituir-se em uma inestimável ajuda aos *designers* e gerentes de projetos na solução daqueles tópicos listados na Conferência Anual do DMI em 1978 e que ainda continuam a ser mencionados pelos participantes das conferências atuais do DMI, em vários países.

Dr. Earl N. Powell

Presidente do Design Management Institute

PREFÁCIO DA EDIÇÃO BRASILEIRA

Há pouca disponibilidade de material escrito sobre o *briefing* e sua importância para os projetos. Escrever sobre *briefing* implica abordar vários aspectos diferentes – e algumas vezes embaraçosos – relacionados ao processo de desenvolvimento de produtos e serviços. O *briefing* é uma etapa inicial desse processo, tendo influência durante todo o projeto. Envolve relações entre o demandante do projeto e projetista, podendo abranger diversas áreas, diferentes visões, recursos estratégicos, gerenciais e operacionais, e os processos de comunicação. Peter Phillips aborda todas essas questões polêmicas neste livro.

O *briefing* é considerado pelo autor como parte do processo de desenvolvimento de produtos e serviços, em busca de inovações ou melhorias das organizações. Ao longo do livro são tratados os elementos que devem alimentar esse processo, as pessoas que devem ser envolvidas na sua elaboração e o modo de construí-lo adequadamente. Considera as peculiaridades de cada projeto, incluindo o ambiente comercial e competitivo, o volume de recursos envolvido e a frequência com que este é executado. O autor alerta: este não é um processo prescrito e nem existem fórmulas prontas.

Muitos projetistas alegam que o *briefing* não é compatível com a natureza subjetiva e a criatividade necessária ao *design*. Esses projetistas temem a perda de liberdade e da criatividade com o uso de um *briefing* estruturado, além de acharem que a formalidade espanta os clientes. Administradores alegam que não têm tempo e recursos para investir na sua preparação e que tudo será resolvido numa conversa rápida com um bom projetista. De fato, o *briefing* poderá ser abreviado ou dispensado em alguns projetos simples. Mas, em geral, proporcionará benefícios inegáveis quando for bem elaborado.

A criatividade em *design* só tem valor quando gera conceitos que resolvam o problema proposto. Isso começa pela compreensão e escolha da abordagem adequada em cada caso específico. Além disso, muitos problemas relacionados ao projeto são tratados apenas quando surgem. Essa abordagem emergencial dos problemas pode levar ao aumento dos custos e dilatação dos prazos. No processo de elaboração do *briefing*, todas as informações e decisões necessárias podem ser planejadas, evitando-se as surpresas desagradáveis. Com isso, pode-se evitar a perda de tempo e de recursos para refazer aquilo que saiu errado. Estes costumam ser bem maiores que aqueles necessários para iniciar o projeto com boa fundamentação.

O livro enfatiza os aspectos estratégicos do *briefing*, fazendo a intermediação planejada entre a demanda e a ação. Insiste na necessidade de se chegar a um documento escrito, expondo seus conteúdos básicos e a maneira de conduzir o projeto. Esse processo reflete a cultura da organização e as experiências das pessoas envolvidas.

O autor usa uma linguagem clara, direta e concisa – afinal, escreve sobre *briefing* – fundamentado em sua vivência profissional. A partir da sua prática, descreve vários problemas que ocorrem durante o processo de "brifar" em sua área específica do *design*: o *design* gráfico e de embalagem. Apresenta suas opiniões e o encaminhamento das soluções, sem rodeios. As situações e estudos de casos apresentados são análogos aos do nosso contexto e aos diversos tipos de projetos em *design*.

Assim, este livro é recomendado para profissionais de todos os níveis organizacionais que trabalhem com projetos, tanto projetistas como não projetistas, incluindo os administradores e o pessoal de *marketing*. Também constitui importante subsídio aos estudantes que se preparam para entrar no mercado. Mesmo aqueles projetistas já experientes serão instigados a repensar as suas práticas de trabalho e o trato com seus clientes. O autor prefere chamar esses clientes de parceiros, recomendando que a construção do escopo do projeto deve ser compartilhada entre os demandantes e executores do projeto.

O autor usa uma metáfora para dizer que o projetista não deve comportar-se como um motorista de táxi: "Diga-me exatamente aonde você quer chegar e me pague que eu te deixarei no destino". Raramente o projetista tem a sorte de receber um *briefing* completo e bem direcionado, por escrito, indicando claramente o caminho a ser seguido e o ponto de chegada. Quando isso não acontecer, o projetista deve discutir o *briefing* com os demandantes até sanar todas as dúvidas. Essas dúvidas devem ser esclarecidas logo de início, antes que o projeto siga por caminhos tortuosos. Por outro lado, seus serviços não podem ser tabelados como no taxímetro, pois dependem das características de cada projeto e de seu respectivo contexto.

Phillips entende que as pessoas envolvidas em um projeto devem tratar o *briefing* como uma combinação entre um plano de negócios e uma estratégia criativa de projeto. Em outra metáfora, o autor argumenta que ele, como paciente de um tratamento médico, é a maior autoridade para descrever o que está sentindo, e seu médico é a maior autoridade na solução do problema. Assim, ambos são responsáveis pelo resultado do tratamento. Isso implica a troca de informações significativas e confiança mútua. Tanto o solicitante como o desenvolvedor do projeto devem entender que ambos fazem parte do mesmo problema. Este precisa ser analisado e formulado de maneira compartilhada para que seus objetivos sejam atingidos de forma convergente e satisfatória. Enfim, o *briefing* pode constituir-se em importante ferramenta para que uma organização possa atingir as suas metas estratégicas.

Dr. Cláudio Freitas de Magalhães

Professor do Curso de *Design*
Departamento de Artes e *Design* da PUC-Rio

INTRODUÇÃO

Quando fiz meu curso de graduação em *design*, nos anos 60 do século passado, o assunto *briefing* não fazia parte do currículo. Pelo que sei, ainda hoje, esse assunto é tratado superficialmente nas nossas principais escolas. Ao menos, é isso que ouço com frequência nos seminários que tenho apresentado aos jovens estudantes.

Durante o curso, os professores nos passavam tarefas todas as semanas. Eram problemas de *design*, muito bem definidos, para resolver. Muita gente poderia argumentar que o enunciado desses problemas seria uma espécie de *briefing*. Contudo, a palavra *briefing*, propriamente, não era mencionada.

Alguns anos após a graduação fui trabalhar como gerente de um pequeno grupo de *design* em uma empresa. Aprendi rapidamente que o *briefing* de *design* era preparado pelo pessoal de *marketing*, que o encaminhava pronto para o grupo de *design*. Nós deveríamos seguir essas especificações, sem questionamentos ou discussões. Frequentemente, esses *briefings* frustravam a mim e ao meu grupo de *designers*.

O *briefing* preparado pelo *marketing* raramente continha as informações necessárias para solucionar o problema de *design*. Além do mais, os prazos estabelecidos eram demasiadamente curtos. Para piorar as coisas, quase nunca tínhamos oportunidade de ter uma conversa franca com aqueles que tinham redigido o *briefing*. Em vez disso, deveríamos fornecer relatórios periódicos sobre a evolução do projeto ao "coordenador do projeto". Esse coordenador raramente conseguia sanar nossas dúvidas ou fornecer as informações adicionais de que precisávamos.

Após essa experiência frustrante, comecei a interessar-me pelo assunto. Colecionei alguns artigos de revistas que falavam em *briefings* de *design* ou "*briefs* criativos", mas não consegui achar nenhum livro sobre o assunto. Até hoje, decorridos cerca de quarenta anos, ainda inexiste um livro que trate do assunto. O tema continua a ser abordado apenas superficialmente nos melhores cursos de *design*.

Contudo, na vida prática, os *briefings* continuam a ser elaborados pelas empresas. Cada profissional ou empresa desenvolveu a sua própria fórmula, da melhor maneira possível. Muitas vezes, isso foi feito por tentativas e erros, procurando compilar aquelas informações mais significativas em cada caso específico.

Alguns anos atrás, o Design Management Institute – DMI – organizou o Programa de Desenvolvimento Profissional. Pretendia-se qualificar os *designers* nas habilidades gerenciais. Foi feita uma pesquisa entre os sócios do DMI para levantar os tópicos que deveriam ser incluídos nesse novo programa. O *briefing* apareceu entre os dez tópicos mais solicitados. Então, fui convidado para organizar um seminário sobre o assunto.

Organizei o seminário sobre *briefing* baseando-me nas minhas experiências e nas de outros gerentes de *design*. Tive a oportunidade de apresentá-lo em vários países e a receptividade foi extremamente positiva. Como resultado desse sucesso, muitos participantes dos seminários me pediram para escrever este livro.

NÃO HÁ FÓRMULAS MÁGICAS

É importante ressaltar que não apresento nenhuma fórmula mágica. Também não existe uma forma universal e pronta para se elaborar o *briefing*. Portanto, por favor, não esperem nenhuma "receita de bolo" para se elaborar o *briefing*. Isso simplesmente não existe!

Em vez disso, este livro apresenta os ingredientes que devem compor um *briefing* de boa qualidade. Também apresenta um processo de elaboração do *briefing*, de modo que o mesmo contenha informações significativas para **todas** as pessoas envolvidas no projeto de *design*. Esse processo deve ser de natureza estratégica, orientada para os objetivos da empresa. Portanto, isso envolve uma mudança de mentalidade dos *designers*, que devem pensar nos aspectos estratégicos de suas atividades.

É importante destacar, também, a existência de grande variedade de projetos de *design*. Devido a isso, cada tipo de projeto exige um conjunto de diferentes informações. Por exemplo, um *briefing* para elaboração de um catálogo impresso certamente exigirá informações sobre formatos e cores. Por outro lado, o *briefing* para um novo produto mecânico provavelmente exigirá informações sobre materiais e processos de fabricação. O *briefing* para uma embalagem deve conter informações sobre o seu conteúdo, materiais, forma de impressão, armazenamento, e assim por diante.

Os leitores devem entender que essas diferenças impedem a elaboração de uma fórmula única. Além disso, cada empresa adota um procedimento diferente para resolver seus problemas de *design*. Assim, em cada caso específico, será necessário criar um conjunto próprio de padrões, processos e orientações para a elaboração do *briefing*. Este livro pretende ajudar os profissionais de *design* para que cada um crie o seu próprio método para a elaboração dos *briefings*, da forma mais efetiva possível.

AGRADECIMENTOS

Alguns anos atrás, eu descansava em um hotel durante uma viagem de negócios, quando liguei a televisão, à noite. Estava passando um programa de jogos, envolvendo disputas entre vários participantes. Um dos participantes apresentou-se como *designer* gráfico. O animador do programa, sem saber o que significava ser *designer* gráfico, perguntou-lhe: "Isso exige algum tipo de formação?" Esse episódio demonstra certo desconhecimento sobre a profissão do *designer*, que exige um curso superior, muito treinamento e experiência para tornar-se um bom profissional. Eu mesmo já enfrentei muitas situações semelhantes.

Dificilmente teria conseguido escrever este livro trinta anos atrás. Simplesmente, porque não tinha experiência e conhecimentos necessários para tal empreitada. Recentemente, alguém me perguntou: "Quanto tempo levou para escrever o livro?" Respondi-lhe: "Cerca de trinta e cinco anos". Foi esse o tempo de estudos e experiências até adquirir conhecimentos e maturidade suficientes, sendo apoiado, orientado e incentivado por inúmeras pessoas.

O incentivo mais forte veio dos meus pais, que logo reconheceram a minha aptidão para as artes. Eles me matricularam numa escola de artes quando eu tinha apenas dez anos de idade. Nessa escola, a minha professora, Sra. Brown, ensinou-me que "arte" não significa apenas desenhar bem. Sou eternamente grato à paciência e ao encorajamento que recebi dela desde cedo.

Depois, tive o privilégio de estudar *design* com professores como Paul Zalanski, Jerry Rojo, Bob Corrigan, Don Murry e Frank Ballard. Este último ensinou-me o que significa ser *designer* e viver dessa profissão, tendo contribuído decisivamente para moldar a minha consciência profissional.

No mundo empresarial, tive a sorte de encontrar muitos não *designers* que consolidaram o meu entendimento sobre o papel do *design* nos negócios. Entre eles incluem-se Art Kiernan, Peter Jancourtz, John Dickman, John Babington,

Dick Berube, John Sims, David Truslow, Mike Maginn, Bob Lee, Robin Aslin, James Manderson, Hein Becht, Paul Jaeger, Dick Pienkos, D. W. Johnson, Jim Speedlin, Coleman Mockler, Karl Speak, e especialmente Stephen A. Greyser, da Harvard Business School, um professor, orientador e amigo.

Ao longo de muitos anos, tive o privilégio de conhecer e trabalhar com diversos gestores de *design*. Durante as discussões e, às vezes, em acalorados debates, essas pessoas me ajudaram a ter clareza sobre o significado do *design* e da gestão de *design*. Foram tantos que corro o risco de cometer omissões e injustiças. De qualquer modo, registro meus reconhecimentos a: Wally Olins, Tony Key, Jeremy Rewes-Davies, Rodney Fitch, Rick Marciniak, Peter Fallon, Fred Martins, Jim Aggazi, Yolanda Launder, Bonnie Briggs, Jon Craine, Steven Conlon, Bill Hannon, Roz Goldfarb, Fennemiek Gommer, Peter Gorb, James Hansen, Mark Oldach, Tony Parisi, John Tyson, Raymond Turner, Peter Trussler, Gary van Deursen e, por último, Earl Powell, presidente do Design Management Institute.

Gostaria de continuar essa listagem, mas seriam centenas de nomes e o espaço disponível não permite. Sou muito grato também a todos os participantes dos seminários e cursos que ministrei, pois sempre aprendi muito com os estudantes.

Finalmente, agradeço aos meus filhos Benjamin e Rebecca, que compreenderam as minhas frequentes ausências devidas aos compromissos profissionais e nem por isso deixaram de me apoiar e incentivar.

PETER L. PHILLIPS

CAPÍTULO 1

O QUE É *BRIEFING* DE *DESIGN*?

Durante os seminários que tenho apresentado sobre a elaboração dos *briefings* de *design* verifiquei que as pessoas utilizam diversas denominações equivalentes, tais como "*briefing* criativo", "*briefing* da inovação", "*briefing* de *marketing*", "*briefing* do projeto", "especificação do projeto", "descrição da tarefa" e outras. Todas elas referem-se a uma descrição de um projeto envolvendo aplicação do *design*.

A pior opção é a "descrição da tarefa". Esta, geralmente, resume-se a apenas uma página, contendo o título do projeto, prazo para término, orçamento, nome da pessoa ou grupo que o encomendou e demais informações pertinentes em cada caso, tais como volume de produção, instruções sobre embalagens, distribuição e outras. A meu ver, esse tipo de descrição tem pouca utilidade para a elaboração do projeto.

Tenho visto com frequência a denominação "*briefing* da inovação", principalmente na Europa. Embora tenha um bom significado, infelizmente muitos empresários não consideram *design* como atividade inovadora ou mesmo estratégica. Eles só conhecem o *design* pelo lado superficial e decorativo.

FORMATO DO *BRIEFING*

Infelizmente, não há uma fórmula única e universal para o *briefing* de *design*. Tenho visto bons *briefings* descritos em texto corrido e outros organizados por itens. Cada vez mais está se popularizando um programa de computador onde aparecem certos quesitos, seguidos de espaços em branco para serem preenchidos. Eu já vi excelentes *briefings* formatados em PowerPoint, para apresentações projetadas.

Você pode usar diversos formatos, de acordo com o tipo de trabalho a ser desenvolvido (produto, gráfico, *web*, embalagens e outros). Cada empresa também tem uma preferência própria. Naturalmente, o formato influencia a facilidade de leitura e acompanhamento. O mais importante é que o *briefing* contenha **todas** as informações relevantes aos interessados no projeto. Além disso, deve ser disponível em papel e em meio eletrônico.

Durante anos, preguei que a elaboração de um programa de computador para o *briefing* era o grande desafio dos *designers*. Ironicamente, descobri que já existem esses tipos de programas para a maioria dos casos. Contudo, há casos em que os formulários são mal projetados e não são preenchidos corretamente. As reclamações mais comuns referem-se aos espaços deixados em branco ou contendo informações incompletas. Um exemplo típico disso é o campo denominado "Público-alvo" preenchido como "Consumidores". Para mim, isso pouca coisa acrescenta como informação útil para o projeto.

Portanto, não se deve desprezar a busca do melhor formato para cada empresa. Isso pode demorar, exigindo diversas experimentações, até se chegar a um formato considerado adequado por todos os envolvidos. Pela minha experiência, ainda prefiro o *briefing* em texto corrido e, em segundo lugar, aquele organizado por itens.

TAMANHO DO *BRIEFING*

Muito se discute sobre o tamanho adequado de um *briefing*: "Que tamanho deve ter o *briefing*?" A resposta imediata a essa pergunta é: "O tamanho necessário".

Grande parte dos participantes dos meus seminários tem dito que recebe recomendações para preparar o *briefing* da maneira mais **concisa** possível. Essa não é uma orientação correta. A forma correta é preparar o *briefing* da maneira mais **completa** e **útil** possível. A dimensão do *briefing* será consequência da complexidade do projeto e das especificações necessárias em cada caso. Portanto, o que importa não é a dimensão, mas sua clareza e utilidade para orientar o desenvolvimento do projeto.

INGREDIENTES DE UM CONCEITO CRIATIVO

Kim Zarney[1], diretor da Zarney Creative, um escritório de projeto de embalagens, escreveu o artigo "The Core Creative Concept in Branding: a Streamlined Approach", publicado no *Design Management Journal* (outono de 2002), comparando o *briefing* com ingredientes de uma receita. Eu tenho adotado esse artigo como motivação para discussões nos seminários que coordeno.

Aprecio também a abordagem desse autor considerando o *briefing* como ponto de partida para a descoberta de conceitos criativos. Obtive autorização dele para reproduzir uma parte do artigo, principalmente pelo fato de: 1) ser um depoimento de uma pessoa que atua na prática, falando sobre a importância de se elaborar o *briefing* como uma atividade prévia ao projeto; e 2) comprovar que o tempo gasto na elaboração de um bom *briefing* é altamente compensador.

Trechos do artigo "The Core Creative Concept in Branding: a Streamlined Approach", de Kim Zarney

Aqueles que apreciam cozinhar sabem que o segredo para se preparar um bom prato é ter todos os ingredientes pré-preparados. Por exemplo, para se preparar um **cozido** de carnes e legumes, cada ingrediente deve ser colocado na panela no seu devido tempo. É uma forma divertida e fácil de cozinhar, mas você deve estar preparado.

Fazer a introdução bem-sucedida de um programa de embalagem em uma empresa moderna é como preparar um cozido. Há urgência – tudo parece prioritário e muita coisa deve ser feita ao mesmo tempo. A pressão para se alcançarem resultados é confrontada continuamente com orçamentos limitados, exigências dos distribuidores, prazos de produção e prazos de entrega. Há pressão para certificar-se de que o projeto da embalagem será adequado. Ao mesmo tempo, com a competição cada vez mais acirrada, é necessário produzir uma mensagem capaz de chamar a atenção do consumidor.

A melhor forma para se alcançarem todos os objetivos é partir de um conceito central que sirva de guia para direcionar a criação. Pense como se fosse um mapa de navegação. Em primeiro lugar, é necessário definir claramente o conceito daquilo que se quer comunicar. Isso serve para se desenvolver uma mensagem clara e simples, capaz de provocar impacto na mente do consumidor. Quanto mais específica for essa mensagem, maiores serão as chances de alcançar os resultados desejados.

As propagandas impressas sempre usaram esse recurso. Eles são capazes de contar uma história apenas com uma imagem visual de impacto, sem necessidade de explicações adicionais. O impacto visual vem primeiro e, depois, o prazer intelectual. O mesmo acontece com as embalagens, embora sejam mais complexas que uma simples página impressa. Em todos esses casos, procura-se aproveitar a oportunidade para contar uma pequena história, a fim de estabelecer uma **conexão emocional** com o consumidor.

Os ingredientes

Para preparar um prato especial, você deve encontrar a receita certa que liste todos os ingredientes, contenha as instruções de preparo e as demais informações necessárias. Isso vale também para organizar as especificações de um projeto de embalagens.

O processo começa com a revisão do *briefing* de *design* e *marketing*, verificando-se aquilo que você deve realmente fazer. Com isso, organiza-se a lista dos ingredientes, ou seja, **o que** você deverá fazer. Analisando-se essa lista de ingredientes e combinando-a com as suas próprias observações de mercado, pode-se chegar ao **como** fazer. O resultado final dessas análises será um *briefing* por escrito, ligando os objetivos do projeto com os objetivos da empresa. Isso servirá como guia para conferir os seus passos durante o desenvolvimento do projeto.

Há muitos benefícios em organizar o *briefing* por **escrito**, em vez de apenas falar sobre ele. O documento escrito pode ser difundido entre as pessoas envolvidas no projeto de forma rápida e uniforme, enquanto a instrução verbal pode ser demorada, perecível no tempo e sofrer distorções na passagem de uma pessoa para outra. A perfeita sincronia de informações entre os membros da equipe é essencial para se garantir celeridade ao processo. Essa rapidez é um fator importante no atual mundo dos negócios. Chegar mais cedo ao mercado pode proporcionar importantes vantagens competitivas.

Os parâmetros do projeto

Para se construir um conceito criativo é necessário revisar os parâmetros do projeto, representados pelas restrições que condicionam o trabalho. O primeiro deles é o **prazo** final ou tempo disponível para se apresentar a solução. Isso determinará a "margem de manobra" para a busca de soluções. Por exemplo, no desenvolvimento de embalagens, talvez seja necessário usar diferentes tipos de materiais, cada um deles de fornecedores distintos, com prazos de entrega diferenciados, que devem ser compatibilizados com o seu prazo final.

Outro parâmetro é constituído pelos **requisitos técnicos** de produção e distribuição. Aqui podem surgir vários conflitos entre o projeto de *design* e a produção industrial. Muitas vezes, a implementação de um projeto exige adaptações das máquinas e investimentos adicionais em ferramentas e dispositivos. Para evitar surpresas é aconselhável ter um conhecimento prévio das restrições físicas e do maquinário. Assim, para cada alternativa proposta, poderão ser estimadas as modificações necessárias no aparato produtivo. Além disso, como tudo isso é muito dinâmico, você deverá estar certo de que dispõe das últimas informações. Procure tirar vantagens dessas restrições, em vez de brigar com elas. Talvez seja possível fazer pequenas mudanças no projeto para aproveitar melhor as instalações existentes.

Após determinar o prazo e as restrições técnicas, chega a hora de verificar o orçamento disponível para o projeto. É necessário conhecer o **orçamento** disponível, antes de começar o projeto, mesmo sabendo-se que a criatividade nem sempre depende de grandes investimentos. Esse conhecimento prévio dos recursos financeiros é importante para não gerar falsas expectativas e evitar explorações desnecessárias. Em cada passo, é importante saber quanto se pode gastar, para que os objetivos sejam alcançados efetivamente.

Muitos projetos são iniciados sem uma definição clara desses três parâmetros: prazo, requisitos técnicos e orçamento. Contudo, vale a pena gastar um pouco de tempo e esforço para que eles fiquem claramente estabelecidos, *a priori*, por escrito. Isso poderá evitar muitas dores de cabeça no futuro, além de permitir melhor coordenação do trabalho dos membros da equipe de projeto.

Revisão das oportunidades

O passo seguinte consiste em rever as oportunidades de criação contidas no *briefing*. Antes de começar a gerar conceitos, deve haver um claro entendimento, entre todos, sobre duas questões fundamentais: **Por que** se desenvolve o projeto? **Quais** são os resultados que se pretende alcançar? O conceito criativo a ser desenvolvido deve refletir esses dois objetivos. Muitas vezes, na pressa de produzir resultados, essas questões fundamentais são esquecidas e a solução apresentada não resolve o problema real.

Você deve ter também um conhecimento muito bom sobre o público-alvo do produto. Embora muitos fabricantes vendam para os grandes atacadistas, o sucesso do produto dependerá de sua aceitação pelos consumidores finais. O projeto de *design* deve conter características que consigam atrair esses consumidores, a fim de influenciar a decisão de compra dos mesmos.

Cada classe de consumidores valoriza um determinado conjunto de características. Isso quer dizer que eles têm necessidades e desejos próprios. Assim, a equipe de *design* deve incorporar, ao máximo, essas características ao produto, para que o mesmo seja considerado satisfatório. Além disso, é bom saber como o consumidor interage com o produto após comprá-lo. Essa análise e acompanhamento pós-venda podem fornecer informações importantes para o aperfeiçoamento futuro do produto.

O acompanhamento pós-vendas pode ser feito via internet. Os consumidores devem ter acesso a informações adicionais *on-line* sobre o produto. Se for o caso, deve-se apresentar instruções detalhadas sobre instalação, uso e manutenção desses produtos. Por exemplo, disponibilizar a lista de oficinas autorizadas para consertos ou venda de peças. O uso criativo dessa mídia pode contribuir para adicionar valor ao produto e fidelizar os consumidores.

As embalagens contendo instruções claras sobre informações adicionais disponíveis *on-line* podem ser uma grande vantagem sobre os concorrentes. Contudo, essas informações devem ser facilmente acessíveis, sem a necessidade de percorrer caminhos longos e complicados até se encontrar a informação desejada. O ideal é colocá-las em forma de *links* na página eletrônica da empresa.

Análise dos concorrentes

Antes de começar a projetar, é aconselhável analisar os produtos concorrentes, para obter respostas a questões como: Quais são as oportunidades para se projetar um produto mais competitivo? O que está funcionando bem? O que não funciona? Que mensagens se pretende passar? Que mensagens devem ser evitadas? Como o produto será percebido? Qual é a "tonalidade" que se quer dar ao produto? As respostas a essas questões podem ajudar o projetista a coletar elementos, formar opiniões e produzir *insights* para a criação do novo produto. Naturalmente, não será possível fazer essa análise no caso de produtos inéditos no mercado.

O principal objetivo é produzir algo diferente aos olhos do consumidor. Sabemos que os consumidores são seduzidos pelos produtos que satisfaçam aos seus desejos e necessidades. O projeto deve basear-se em um conjunto de características visuais que atraiam a atenção dos consumidores. No caso das embalagens, elas frequentemente atuam como únicos intermediários entre o produto e o consumidor. É importante que a embalagem apresente corretamente as qualidades do seu conteúdo e que possa causar uma impressão favorável logo no primeiro contato.

Kim Zarney conclui o artigo apresentando um estudo de caso desenvolvido em seu escritório, a fim de ilustrar as colocações feitas. Não o incluo aqui, mas recomendo a sua leitura. A cópia completa pode ser obtida no *site* do DMI, *www.dmi.org*. Concordo com todas as colocações de Zarney, com uma única exceção. Ele fala de dois *briefings*: o *briefing* de *design* e o *briefing* de *marketing*. Eu costumo juntá-los em um único *briefing*. Embora as colocações dele sejam direcionadas ao projeto de embalagens, acho que podem ser generalizadas para todos os projetos de *design*.

QUANDO É NECESSÁRIO O *BRIEFING*

Será que todos os projetos de *design* exigem um *briefing*? Absolutamente não! Alguns projetos pequenos, rotineiros e rápidos de *design* não necessitam de um *briefing* formal. No *design* gráfico, por exemplo, a simples atualização de uma lista de preços não exige um *briefing*.

Contudo, o *briefing* é útil em quase todos os projetos de *design*. E, por favor, anotem: o *briefing* deve ser **escrito**, não verbal. A desculpa mais frequente que tenho ouvido para não se fazer um *briefing* formalizado é a curta duração do projeto. E também que o *briefing* limita a criatividade. Não concordo com isso, pois o modelo de *briefing* que tenho proposto ajuda a estimular a criatividade. Além disso, o *briefing* contribui para abreviar o tempo para se concluir o projeto.

Esclarecendo melhor: tenho observado que os *briefings* **verbais** geralmente tendem a alongar o tempo necessário para a conclusão do projeto, principalmente aqueles de natureza mais complexa. Esses *briefings* não escritos provocam mal-entendidos, confusões, discussões e confrontações. Muitas vezes, as soluções apresentadas não são exatamente aquelas desejadas.

Durante anos, tenho ouvido muitas desculpas dos *designers* e coordenadores de projetos, tais como: "Eles não me entenderam", "Eles não me deram tempo suficiente", "Eles não me deram verba suficiente", "Eles tolheram a minha criatividade" e "Eles não acreditam em *design*". Minha resposta para isso é que "eles" deveriam ser substituídos por "nós". É falha "nossa" se "eles" não conseguiram entender, não concederam tempo suficiente ou verba suficiente e assim por diante. **Nós** não tivemos competência para comunicar claramente as nossas necessidades.

Faz parte das atribuições do *designer* ter ideias e convencer as pessoas. E, sobretudo, mostrar as vantagens do *design* para os demais dirigentes da empresa. Antes de pensar em criar *briefings* perfeitos, precisamos aprender a falar sobre os aspectos estratégicos do *design*, desfazendo conceitos errôneos como o de serviços decorativos.

ARTE *VERSUS DESIGN*

Aprendi, há muitos anos, a evitar a palavra "arte" no mundo dos negócios. Em muitas empresas em que trabalhei encontrei unidades chamadas de Departamento de Arte, Diretoria de Arte e assim por diante. Eu imediatamente tomava a providência de mudar os nomes para Departamento de *Design* ou Diretoria de *Design*, substituindo a palavra arte por *design*.

Para muita gente, artista é uma pessoa preocupada apenas com a autoexpressão, sem maior **comprometimento** com o público-alvo. Por exemplo, um artista plástico, pintando uma paisagem, tentará retratar aquilo que está vendo. Ele usará as tintas, cores e formas que melhor expressem aquela paisagem. Ele não estará preocupado em agradar a ninguém em particular. Posteriormente, se alguém gostar do quadro, poderá comprá-lo. Mas isso é uma coisa que acontece mais ou menos ao acaso.

Se não me engano, foi o grande *designer* Paul Rand que disse "*design* é uma disciplina que soluciona problemas". Se definirmos *design* dessa forma, o ponto de partida para qualquer trabalho de *design* deveria ser justamente o perfeito conhecimento do **problema** a ser solucionado. Sem essa clara definição do objetivo, corre-se o risco de andar em círculos, sem avanços significativos na direção desejada.

Muitas vezes, os dirigentes de empresas confundem *design* com arte ou serviços decorativos. Os *designers* são chamados quando o projeto já está definido, apenas para dar um toque final, a fim de "embelezar" o produto. *Designers* que se prestam a esse tipo de serviços decorativos não são considerados estratégicos, mas apenas habilidosos desenhistas. Eu tenho feito um grande esforço para mudar essa imagem do *designer* ligado a artes, pois creio que esse não deva ser o principal foco do trabalho dos *designers*.

DESIGNERS NÃO SÃO DECORADORES

Durante minhas aulas, tenho pedido aos *designers* que tragam exemplos de *briefings* de *design* que eles já encontraram. Na maioria dos casos, foram preparados pelo pessoal de *marketing* ou de engenharia, descrevendo o que eles esperam da função de *design*. Reproduzo, abaixo, exemplo de um *briefing* preparado pelo gerente de *marketing* de uma grande empresa produtora de utensílios domésticos.

> "Nossa pesquisa de mercado descobriu que muitos jovens norte-americanos de vinte a trinta anos estão tomando chá. Isso acontece principalmente nos *campi* universitários. A mudança de hábito dessas pessoas, substituindo o café pelo chá, representa uma oportunidade para a nossa empresa lançar uma chaleira especialmente desenhada para esse público-alvo.
>
> Decidiu-se que essa chaleira deverá ter características atraentes aos jovens. Deverá ter aparência masculina. Para diferenciar-se de outras chaleiras, as formas arredondadas serão substituídas por linhas angulosas. O acabamento deverá ter aparência metálica, lembrando aço inox ou cromado. A alça deve permitir uso confortável por uma mão masculina. O bico também deve ter uma aparência tipicamente masculina".

Seguiam-se outras informações sobre dimensões, embalagem, prazos, orçamento e assim por diante. Contudo, os dois parágrafos acima são os mais significativos. As especificações apresentadas para o projeto de *design* dizem exatamente **o que** se deseja, mas não explicam **por que** certas características são desejadas. Quem redigiu esse *briefing* certamente considera os *designers* como pessoas que simplesmente executam os desenhos de acordo com as especificações do *marketing*.

Soube que essa especificação foi apresentada a um pequeno escritório de *design*, para solicitar uma proposta para desenvolver o projeto. Os representantes da empresa foram recebidos por uma jovem *designer*, que fez diversas perguntas. A mais importante foi: "Podemos explorar outros conceitos **criativos** para o problema?" A resposta direta foi: "Não". Os executivos da empresa explicaram que estavam apressados em lançar o produto, e o pessoal de *marketing* já tinha traçado todas as características que o produto deveria apresentar. Você já esteve numa situação semelhante?

Esse é um exemplo típico de *briefing* elaborado por não *designers*, que desconhecem o potencial do *design* para resolver problemas. Retrata a visão típica de muitas empresas que consideram o *design* apenas como elemento decorativo. Elas não consideram o *design* como assunto estratégico. As decisões estratégicas são tomadas em outros setores, reservando-se, ao *design*, apenas o desenho final do produto. Lembro que a pessoa que trouxe esse exemplo para a aula resolveu não apresentar proposta para o desenvolvimento do produto solicitado.

DESIGNERS NÃO SÃO TAXISTAS

Durante anos, viajei muito pelo mundo. Quando chego a um aeroporto, costumo encontrar uma fila de táxis disponíveis para me levar ao hotel. Tudo que tenho que fazer é escolher um deles, informar meu destino e pagar a conta ao final da corrida. Seria uma solução direta e sem maiores compromissos.

Contudo, preferiria ser atendido por um consultor em transportes. Frequentemente, encontro balcões de informações, com centenas de *folders*, mas nenhum deles conversa comigo. Em vez disso, gostaria de ter a oportunidade de explicar as minhas necessidades a um consultor em transportes. Tenho diversos compromissos, premência de tempo, orçamento limitado e outros requisitos, que gostaria de expor a esse consultor, para que ele me apresentasse a melhor solução. Ele poderia me apresentar diversas opções. Por exemplo, um táxi poderia me levar diretamente ao destino, mas é mais caro que um transporte coletivo. O coletivo seria mais barato, contudo, pode ser mais demorado e não me deixaria exatamente no destino desejado. Aí precisaria cotejar com o tempo gasto, a minha disponibilidade financeira e se estou disposto a caminhar três a quatro quadras para chegar ao meu destino.

Fiz essa analogia para dizer que muitos *designers* estão satisfeitos em agir como taxistas. "Diga-me exatamente para onde você quer ir, pague-me e o deixarei no seu destino". Eles simplesmente atendem a uma encomenda **pontual**. Gostaria que os *designers* atuassem de outra forma. Preferiria que eles se comportassem como consultores em transporte. Ou seja, o processo de elaboração do *briefing* de *design* deveria ser feito de forma **interativa** com os dirigentes da empresa. Isso pode fazer uma grande diferença.

Tenho também certas restrições ao uso do termo "serviço". No meu modo de pensar, quando alguém diz que lhe presta serviço, eu imediatamente penso que devo pagar. Além disso, se alguém me presta um serviço pelo qual estou pagando, tenho o direito de exigir aquilo que quero.

Afinal, os *designers* prestam serviços? Em certo sentido, claro que sim! O diretor de uma empresa também presta serviço, mas não denominamos o seu escritório de "Serviços de Diretoria". Tenho aconselhado os meus alunos a evitar o uso de termos como "serviços criativos", "serviços gráficos" e outros semelhantes. Se você quer ser valorizado pela sua competência em assuntos estratégicos, não seja um prestador de "serviços" – torne-se um **parceiro** na solução de problemas.

BRIEFING É DIFERENTE DE PROPOSTA DE PROJETO

Muitas empresas confundem propostas de projetos com *briefings*. Não são a mesma coisa, pois o *briefing* tem um sentido mais abrangente, podendo incorporar outras informações além daquelas contidas na proposta.

A proposta de projeto geralmente é usada por empresas que não têm equipes internas de *design*. O objetivo desse documento é reunir, preliminarmente, as informações básicas sobre um projeto a serem levadas para um grupo externo de *design*. Por sua vez, esse grupo faz um detalhamento melhor, descrevendo a metodologia, recursos necessários, prazo e orçamento. Um *briefing* de *design* de boa qualidade deve conter informações mais **específicas** e **estratégicas**. Além disso, o mesmo deve ser preparado de forma colaborativa entre o solicitante e o grupo de projeto, após diversos entendimentos sobre a natureza desse projeto, forma de executá-lo, prazos e recursos disponíveis.

Encontrei também grupos internos de projetos que são solicitados a responder a propostas de projetos. Isso pode ocorrer quando a empresa ainda não decidiu se o projeto será desenvolvido internamente ou por um escritório externo. Se esse é o caso de sua empresa, você deve responder à proposta como se fosse elaborado por um grupo externo. Caso você seja designado para desenvolver o projeto, deve incorporar as demais informações para transformar a proposta em um *briefing* adequado.

Muitas propostas consistem simplesmente no preenchimento de um formulário. Isso não pode ser considerado como *briefing* simplesmente porque não houve o necessário **diálogo** entre o solicitante e o grupo de *design*. Normalmente, após a definição do grupo de *design*, seja ele interno ou externo à empresa, devem ocorrer reuniões face a face para se discutirem os detalhes do projeto e dirimir eventuais dúvidas. Esses detalhes, acordados entre as partes, podem ser adicionados à versão final do *briefing*, para serem aprovados por todos os interessados. Se for necessário, deve ser assinado algum tipo de contrato formal entre as partes.

DIVERSOS USOS DO *BRIEFING*

O *briefing* tem diversos usos. Serve como acordo ou contrato formal entre as partes envolvidas no projeto. Serve também como roteiro a ser seguido durante o desenvolvimento do projeto, definindo as várias etapas intermediárias desse projeto. Assim, serve para elaborar um **cronograma**, estabelecendo os prazos para cada uma dessas etapas. Os *briefings* de *design* devem incluir também informações sobre a estratégia da empresa e estratégia do *design*. De fato, é útil considerar o *briefing* de *design* como parte do planejamento estratégico da empresa.

Os gerentes não *designers* aprendem a elaborar planos estratégicos de negócios nos cursos de administração. Com esse tipo de conhecimento, eles se acham capazes de elaborar também os *briefings* de *design*. Há uma **lacuna** entre esses gerentes e *designers*. Os gerentes pensam em termos comerciais, não entendem de *design* e acreditam que os *designers* não entendam de estratégia de negócios. Por outro lado, os *designers* dominam o projeto, mas não possuem conhecimentos estratégicos sobre os negócios.

Para que a profissão de *design* adquira um caráter estratégico, seria necessário, aos *designers*, aprender a pensar também em termos estratégicos, dominando a linguagem dos negócios. Há muitos livros ensinando a elaborar planos de negócios. Os *designers* devem esforçar-se para dominar esse tipo de conhecimento a fim de capacitar-se a elaborar *briefings*, abrangendo tanto os aspectos de *design* como aqueles econômicos e comerciais.

O *briefing* de *design* é também um ótimo instrumento de acompanhamento e avaliação. Durante o desenvolvimento, serve para conferir se os trabalhos estão evoluindo satisfatoriamente. Isso é particularmente válido se houver necessidade de elaborar relatórios parciais e prestar contas aos gerentes não *designers*. Ao final do projeto, pode-se verificar se os resultados alcançados foram satisfatórios e se todos os aspectos previstos foram realmente atingidos.

Capítulo 2

RESPONSABILIDADES PELA ELABORAÇÃO DO *BRIEFING*

A elaboração do *briefing* de *design* exige a definição prévia do tema a ser desenvolvido e a identificação do grupo que fará o projeto. Antes disso, é necessário definir o "dono" do projeto. Quem pagará as despesas? Quem tomará as principais decisões? De quem será o mérito, se o projeto for bem-sucedido? Se falhar, de quem será o ônus?

A meu ver, um projeto de *design* deve ter **corresponsabilidades**. De um lado, alguém que represente a demanda ou aquele que faça a encomenda do projeto. De outro, aqueles que atendam à demanda e desenvolvam o projeto. Eles devem compartilhar as responsabilidades sobre o projeto. Devem ser **parceiros**, não se limitando às simples relações do tipo compra/venda de serviços.

Os dois lados envolvidos, demandantes e projetistas, não devem comportar-se apenas como compradores e fornecedores de serviços, mas como parceiros de um empreendimento com responsabilidades compartilhadas. Se ocorrer desvios, ambos os lados devem sentar-se à mesa para verificar as suas causas e propor soluções, em vez de ficarem se acusando entre si.

CLIENTE OU PARCEIRO

Muitos *designers* usam excessivamente o termo "cliente". "Meu cliente é muito exigente." "Meu cliente é conservador." "Meu cliente não valoriza o *design*." Essas frases denotam o tipo de relacionamento antagônico entre demandantes e *designers*. Ou seja, de um lado "eles" e, do outro, "nós". Por que não podem ser parceiros? Por que não compartilhar as responsabilidades?

Nas minhas atividades de consultoria, tenho feito o possível para não usar o termo "cliente", substituindo-o por "parceiro" na execução de projetos. A rigor, eles realmente são meus clientes. Contudo, prefiro que eles não me considerem como simples prestador de serviços, mas como parceiro deles na solução de problemas.

Como a maioria de nós, eu também tenho um médico pessoal. Eu poderia ser considerado simplesmente como seu cliente. Eu agendaria uma consulta e pagaria pelos seus serviços. Ele poderia me dar uma receita para proporcionar um alívio imediato, mas não resolveria o meu problema de saúde a longo prazo. Ele poderia ser um grande especialista, que consegue diagnosticar um problema mais complexo, a partir dos pequenos sintomas. Nesse caso, precisamos ser parceiros. Eu precisaria confiar nele e fornecer todas as informações necessárias para a formulação do diagnóstico correto. Sem isso, o médico provavelmente não poderia me indicar o tratamento correto.

O mesmo acontece com os projetos de *design*. Precisamos desenvolver uma relação de confiança mútua, para nos tornarmos parceiros e não apenas prestadores de serviços. Com isso, conseguiremos realizar projetos maiores e mais criativos. Os resultados podem ser muito mais significativos e duradouros.

RESPONSABILIDADES COMPARTILHADAS

Para mim, é inconcebível que alguém preocupado com um problema de *design* simplesmente produza um *briefing* e me encaminhe para execução. Também é inconcebível que alguém escreva um *briefing* unilateralmente, sem considerar o vasto conhecimento que o parceiro possa ter. Assim, decidi, há muitos anos, que a elaboração do *briefing* deve envolver pelo menos dois interessados: o lado do demandante do projeto e alguém representando o projetista.

Em alguns casos, pode haver um terceiro interessado. Isso ocorre nas situações societárias nos negócios. Por exemplo, duas empresas aéreas que se juntam para um acordo operacional. Cada uma delas preserva a sua identidade corporativa, mas resolvem, juntas, explorar o mesmo mercado, de forma compartilhada. A elaboração do *briefing* dos materiais de divulgação para fazer propaganda desses produtos compartilhados provavelmente contará com a participação dos três interessados, incluindo representantes das duas linhas aéreas, além do grupo de *design*. Contudo, no caso geral, há dois participantes, um representando o demandante, e outro, o projetista.

Embora recomende esse compartilhamento das responsabilidades na elaboração do *briefing*, não vejo necessidade de grandes comissões e nem tampouco uma comissão de *design*. Uma comissão numerosa pode diluir responsabilidades e estabelecer o caos. Assim, recomendo que o *briefing* seja elaborado por duas pessoas. Eventualmente por três ou mais quando houver participação societária nos negócios. O grupo responsável pelo *briefing* deve fornecer as informações necessárias e tomar as decisões pertinentes, mas não deve necessariamente escrevê-lo.

NÍVEL DOS PARTICIPANTES

O nível dos participantes na elaboração do *briefing* pode variar, dependendo do objetivo e importância do projeto para a empresa. A alta direção deve ser envolvida no caso de um relatório anual para os acionistas ou no lançamento de um produto inédito. Por outro lado, a modificação de um catálogo existente ou redesenho de um produto pode envolver apenas a gerência intermediária, especialista em *marketing* e coordenadores de projetos de *design*. Contudo, independentemente do nível dos participantes, o processo de elaboração do *briefing* continua o mesmo, em essência.

Muitos escritórios de *design* empregam especialistas em negociação ou gerentes de projeto, que não são propriamente projetistas. São eles que elaboram os *briefings* junto com os demandantes. Nada tenho contra isso, desde que os mesmos conheçam *design*, o seu processo de trabalho e as informações de que os projetistas necessitem. Já encontrei gerentes muito eficientes nas negociações e na coordenação dos trabalhos de projeto. Contudo, alguns negociadores entendem pouco de *design*. Na minha opinião, colocando-se esses intermediários entre os demandantes e a equipe de projeto, podem surgir mal-entendidos, prejudicando os trabalhos. De preferência, os *designers* deveriam ter contato direto com aqueles que demandam os seus serviços, sem recorrer a intermediários.

INÍCIO DO PROCESSO

Em primeiro lugar, deve-se marcar uma reunião para dirimir todas as dúvidas. O mais importante é que o **objetivo** do projeto seja claramente entendido por todos. As questões mais importantes são:

- Quais são os objetivos básicos do projeto?
- Por que esse projeto tornou-se necessário? Por que agora?
- Que resultados mercadológicos são esperados?
- Quem assume as responsabilidades pelo projeto?

Em muitos casos, esses aspectos não constam ou são colocados de modo vago na proposta. Essa é uma das razões para não se aceitarem simples propostas de projeto antes que elas sejam detalhadas e transformadas em *briefings*.

Para mim, ficaria muito difícil começar a trabalhar em um projeto sem que todos esses aspectos fossem esclarecidos. Fico arrepiado só em pensar nos projetos que são iniciados sem esses entendimentos iniciais. Corre-se um grande risco de enveredar por caminhos tortuosos. Vamos examinar melhor cada uma dessas questões.

QUAIS SÃO OS OBJETIVOS BÁSICOS DO PROJETO?

Há muitos títulos de projetos do seguinte tipo "Projeto de um novo catálogo para a linha de produtos xyz", "Redesenho do fogão modelo 1234" etc. Com o crescente interesse nas marcas, tenho recebido muitos pedidos do tipo "Você poderia criar uma logomarca para a minha empresa?" Contudo, fica a dúvida: qual é o **principal** objetivo desse projeto? Por que as pessoas sentiram, de repente, a necessidade desses projetos?

Por exemplo, por que é necessário um novo catálogo? É porque se costuma fazer uma nova edição do catálogo a cada semestre? Ou porque houve uma mudança na linha de produtos e o catálogo precisa ser atualizado? Existiria um novo produto que ainda não foi incluído no catálogo? Talvez o catálogo atual não tenha produzido os resultados econômicos esperados. Por que isso ocorreu?

Como *designer*, preciso dessas informações corretas, antes de iniciar o projeto. Se não souber o porquê de fazer determinadas coisas, provavelmente poderei cometer erros. Considerando que o *design* se propõe a solucionar problemas, preciso saber exatamente quais são esses problemas. Durante a minha carreira, inicialmente como *designer* gráfico, fiquei espantado como muitos dos meus demandantes não conseguiam falar sobre os **objetivos básicos** do projeto. Eles davam respostas vagas, tais como "O vice-presidente de *marketing* nos pediu um novo catálogo" ou "O pessoal de vendas reclamou que o catálogo atual não está bom". Muito bem: o que motivou o vice-presidente a pedir um novo catálogo? Ou o que o pessoal de vendas constatou de errado no catálogo atual?

Essas perguntas podem ser feitas naturalmente, sem constrangimentos e sem confidencialidades durante o processo de elaboração do *briefing*. Afinal, tudo ainda está no começo e todos estão empenhados em definir o que fazer. Por outro lado, se essas perguntas sobre os objetivos básicos do projeto forem feitas no meio do desenvolvimento, certamente vão provocar aborrecimentos. Assim, é perfeitamente viável começar com essas questões simples, para se chegar a um consenso sobre os objetivos do projeto. Se os objetivos não ficarem claros na reunião inicial, deve-se insistir novamente, até que tudo fique bem esclarecido antes de prosseguir.

POR QUE ESSE PROJETO TORNOU-SE NECESSÁRIO? POR QUE AGORA?

Essas questões podem parecer simples e desnecessárias, mas não podem ser omitidas, porque servem para determinar o prazo do projeto. O prazo é importante, pois vai influir nos **recursos** de que preciso para executar o projeto. Além do mais, pode influir também no aspecto metodológico. Se os prazos forem extremamente curtos, preciso de uma equipe maior. Além disso, não posso fazer longas pesquisas e levantamento de dados. Preciso trabalhar rapidamente com aquilo que já está disponível e fazer o melhor possível dentro desse prazo.

QUE RESULTADOS MERCADOLÓGICOS SÃO ESPERADOS?

Aqui tratamos dos aspectos mercadológicos do produto, tais como ciclo de vida, concorrentes, aumento da participação no mercado, vantagens competitivas, posição de liderança e outros. Portanto, não se abordam os aspectos físicos do produto, como a estética.

Quase todas as questões aqui começam com "Como?" Como o projeto vai contribuir para alongar a vida do produto? Como se pode aumentar a participação no mercado? Como se pode ser mais competitivo? O representante da empresa certamente terá informações sobre esses tópicos. Contudo, não se pode criar falsas expectativas. Muitas empresas esperam que os *designers* façam milagres, que não se concretizam. Certamente o *design* pode dar uma boa contribuição para alavancar os negócios de uma empresa, mas dentro de certos limites. É importante que esses limites sejam estabelecidos de forma bem realista.

Tenho ouvido o pessoal de *marketing* fazer encomendas do tipo "Queremos um catálogo **chocante**, cheio de cores, que possa enlouquecer a clientela e varrer a concorrência para fora do mapa". O que tudo isso significa? Qual é o significado de catálogo chocante? Como se faz um catálogo chocante? Então, é necessário saber qual seja esse catálogo chocante, a ponto de criar grande vantagem em relação aos concorrentes. Aqui pode surgir a dúvida: qual é **exatamente** o problema que se quer resolver?

QUEM ASSUME AS RESPONSABILIDADES PELO PROJETO?

Finalmente, nessa reunião inicial, é necessário listar todas as pessoas que poderão opinar sobre o projeto. A lista pode ser longa. Conhecendo-se a lista dessas pessoas, pode-se desenvolver a estratégia apropriada, que discuto mais à frente. Mas ela pode ser útil também para consultar a pessoa certa em cada fase do projeto. Vou apresentar alguns exemplos.

Quase todos os projetos atuais envolvem advogados. Eles tratam de assuntos como direitos autorais, propriedade industrial, marcas, patentes, licenciamentos e outros. Eles podem ajudar a responder a perguntas do tipo: Você vai usar imagens? Neste caso, tem direito a elas? Vai terceirizar a produção? Tem contrato para isso? Há restrições legais ao uso do produto? Naturalmente, deve-se analisar se há necessidade de envolvê-los. Em caso afirmativo, deve haver previsão orçamentária para os seus honorários. Além disso, como ocorrerá a participação deles? Poderão ser consultados ao longo do projeto ou eles farão um parecer, ao final, para providenciar as adaptações necessárias ao projeto?

Outras pessoas que podem opinar representam as funções de vendas, produção, compras, distribuição, assistência técnica e outras. A lista pode ser muito maior. É importante saber de cada uma delas as principais características, modos de operação, capacidades e restrições que possam influenciar o projeto. Por exemplo, se vou escanear uma imagem, preciso saber se o equipamento disponível tem capacidade suficiente, em termos de dimensão e precisão da imagem.

DESIGN É APENAS UMA PARTE DO SUCESSO

Anos atrás, dirigi o grupo de *design* da empresa Gillette. Nós criamos material de apoio às vendas, estandes, mostruários de materiais e algumas embalagens. Lá tive um conselheiro. Ele dizia que os nossos projetos de *design* eram ingredientes para as vendas. Para que os objetivos da empresa sejam alcançados, é necessário que diversos ingredientes sejam combinados de forma harmoniosa.

Algumas pessoas do nosso grupo de *design* acreditavam que o produto se vendia apenas pelas embalagens, folhetos e estandes. Entretanto, isso é apenas uma parte do sucesso. Para que o projeto de *design* seja bem executado é necessário ter uma visão dos outros ingredientes. Os *designers* precisam aprender a perguntar sobre esses outros ingredientes. Como será feita a propaganda e que tipo de mensagem se pretende veicular? Qual será a técnica de *marketing* ou vendas? Quais são as qualidades do produto que se quer destacar? Como o *design* deve apoiar essas outras atividades?

O meu conselheiro insistia em que eu deveria gastar alguns dias ao ano viajando para observar os produtos nos **pontos de venda**. Visitei também alguns distribuidores para conversar com gerentes sobre o uso dos estandes e mostruários. Isso tornou-se uma obsessão em minha vida. Como poderia projetar material de apoio às vendas sem ter conversado com os vendedores da minha empresa? Como *designer*, eu precisava ver as coisas funcionando na prática. Também passei a enviar os *designers* do meu grupo para visitar esses pontos de venda. Isso provocou um enorme impacto nas soluções que elaboramos.

Se eu desejar que o *design* seja considerado como assunto estratégico dentro da empresa, preciso atuar estrategicamente, em coordenação com as outras funções da organização. Assim, preciso conhecer bem essas outras funções e não somente como um taxista, como fornecedor de serviço e como um artista talentoso.

OS PARCEIROS PRECISAM ENTENDER-SE MUTUAMENTE

O que o meu parceiro pensa sobre os aspectos críticos do projeto também é importante. Se ele acredita que um catálogo deve ser cheio de cores, vou procurar saber as razões disso. Vou esclarecer esse ponto antes de iniciar o projeto. Se eu encontrar argumentos convincentes, vou segui-los.

Contudo, se achar que posso propor outros conceitos, tentarei negociar a exploração de novas ideias. Fazendo isso logo de partida, pode-se economizar muito tempo, evitando-se frustrações e aborrecimentos posteriores. Ao mesmo tempo, devo eliminar falsas expectativas e ajudar o meu parceiro a entender o processo criativo do *design*. Assim, o relacionamento com o parceiro deve ser o mais cordial, franco e amistoso possível. O entendimento mútuo facilita o desenvolvimento do trabalho sem atritos.

EQUIPE DO *BRIEFING*

Após acerto preliminar sobre as linhas básicas do projeto com o parceiro, chega a hora de decidir quem participará da equipe para elaborar o *briefing*. A lista das pessoas que podem opinar sobre o projeto pode ser muito útil. Naturalmente, você não incluirá todas elas na elaboração do *briefing* propriamente dito. Mas pode identificar cerca de dez pessoas indispensáveis, que devem participar desde o início. Esse grupo, relativamente pequeno, deve ser completado com *designers*, redatores (quando necessário) e técnicos, que participarão diretamente da execução do projeto. Do contrário, a coordenação pode ficar muito difícil. Assim, selecione as pessoas criteriosamente. Inclua aquelas externas, consideradas pessoas-chaves, e complemente com os especialistas do próprio grupo de *design*.

Muitos participantes dos meus seminários que ocupam cargos importantes afirmam que não teriam tempo para integrar o grupo de elaboração do *briefing*. Minha resposta nesses casos é: você **precisa** arranjar esse tempo. A primeira reunião para definição do *briefing* talvez tome apenas duas horas. O tempo gasto nessa reunião preliminar retornará pelo menos dez vezes maior. Após os entendimentos iniciais, as reuniões posteriores para a definição do *briefing* podem ser muito breves, apenas para esclarecer os pontos duvidosos. Se você se habituar a trabalhar dessa maneira, verá como o processo pode fluir rapidamente.

O próximo passo é organizar a sua própria equipe para elaborar o *briefing*. Em termos ideais, isso significa manter uma reunião com todos os participantes dessa equipe, durante duas ou três horas, todos na mesma sala. A troca de informações por telefone, internet e outros meios eletrônicos não se iguala a uma reunião *tête-à-tête* para discussões e tomada de decisões. Sugiro agendar **duas** reuniões. Na primeira, poderão surgir muitas dúvidas, que levam algum tempo para serem respondidas. Isso exige uma segunda reunião para discutir as respostas às questões levantadas. Após isso, os membros da equipe podem ser mantidos informados por e-mail, telefones ou reuniões remotas por teleconferência. Se não houver nenhuma emergência, geralmente não será necessário convocar todo o grupo para uma nova reunião presencial.

A agenda de uma reunião para elaboração do *briefing* é bem simples. Os participantes se apresentam, a não ser que já se conheçam entre si. Depois, os parceiros fazem uma revisão dos detalhes do projeto discutidos na reunião preliminar, incluindo **o que** se pretende realizar, **por que** estamos realizando, **quais** são os objetivos do negócio, **quem** são os parceiros do negócio e, finalmente, **quem** vai trabalhar no projeto.

Em seguida, a equipe de elaboração do *briefing* é convidada a fazer perguntas. Além disso, cada membro dessa equipe pode ser solicitado a manifestar-se sobre as contribuições que poderá dar. Cabe aqui uma palavra de advertência. Por enquanto, não se trata de projetar nada. É simplesmente uma reunião para definir os objetivos e os prazos e esclarecer as dúvidas sobre os negócios da empresa. Podem surgir questões sem respostas imediatas. Alguém poderá responder "Bem, preciso verificar isso". A segunda reunião serve para esclarecer esses pontos. Ao final da primeira reunião, deve ser elaborada uma lista das questões que ficaram pendentes, nomeando-se uma pessoa que ficará responsável por trazer as respectivas respostas para a segunda reunião.

Essas reuniões produzem também alguns benefícios secundários. Em primeiro lugar, todos gostam de ser consultados e sentem-se **envolvidos** no trabalho. A essa altura, todas as contribuições serão bem-vindas e devem ser aproveitadas, na medida do possível. Do contrário, corre-se o risco de ouvir, posteriormente: "Se vocês tivessem me consultado, eu teria dito que..." Em segundo lugar, os participantes externos não *designers* perceberão como trabalha o *design*, desfazendo eventuais preconceitos, como o dos serviços decorativos.

Após essa primeira reunião, os parceiros podem começar a esboçar o *briefing* do projeto, para ser apresentado na segunda reunião.

CAPÍTULO 3

ELEMENTOS ESSENCIAIS DO *BRIEFING*

É importante repetir: não há uma fórmula única, padronizada, para o *briefing*. O formato de cada *briefing* vai depender de muitos fatores, como a natureza do projeto (embalagem, gráfico, produto, *web* e outros) e as características da empresa (padrões, práticas, cultura e outras). Algumas empresas preferem *briefings* descritivos. Outras preferem aqueles itemizados. Muitas incluem ilustrações, como fotos, gráficos e diagramas. Contudo, todos eles devem conter determinados conteúdos, não importando a forma como são apresentados.

Dependendo da natureza do projeto e do grupo de *design*, alguns tópicos do *briefing* mencionados neste capítulo podem ser omitidos. Há também o caso inverso, em que certos tópicos não mencionados podem ser incluídos. Ao final das contas, cada empresa deve desenvolver o seu próprio formato e a lista de tópicos.

Como foi mencionado no Capítulo 2, são os parceiros que redigem a primeira versão do *briefing* em forma de esboço e determinam o formato a ser utilizado. Contudo, se toda a equipe responsável pelo *briefing* resolver redigir esse esboço, é possível que o trabalho não termine nunca.

Portanto, após a primeira reunião do grupo responsável pela elaboração do *briefing*, os parceiros redigem a sua primeira versão, adotando um determinado formato. Naturalmente, pode haver esquecimento de algumas informações. Essa primeira versão é apresentada na segunda reunião da equipe inteira de elaboração do *briefing*. Nessa segunda reunião, poderão ser recuperadas as informações que foram esquecidas, além de acrescentar outras informações pertinentes. Ao término dessa reunião, deve-se ter uma versão final, aceita por todos. Esse processo de elaboração do *briefing* garante a participação de todas as pessoas-chaves, registrando-se todas as informações importantes e atualizadas.

Naturalmente, podem ocorrer modificações do *briefing* durante o desenvolvimento do projeto. Em alguns casos, isso torna-se inevitável. Contudo, garantindo-se uma unanimidade sobre os pontos essenciais logo no início, essas mudanças posteriores tornam-se mínimas.

Por fim, apresento uma lista dos **tópicos básicos** que compõem a maioria dos *briefings* bem elaborados e que serão desenvolvidos nas seções seguintes:

- Natureza do projeto e contexto;
- Análise setorial;
- Público-alvo;
- Portfólio da empresa;
- Objetivos do negócio e estratégia de *design*;
- Objetivo, prazo e orçamento do projeto;
- Informações de pesquisas; e
- Apêndice.

As principais informações contidas nesses tópicos básicos do *briefing* serão apresentadas nas seções seguintes e estão resumidas na Tabela 1.

NATUREZA DO PROJETO E CONTEXTO

Esta seção faz uma descrição geral das necessidades da empresa, oportunidade do projeto, objetivos do projeto, resultados desejáveis e as responsabilidades pelo projeto.

Muitos dirigentes acabam não lendo o *briefing*, principalmente aqueles que não estejam envolvidos no dia a dia com o *design*. Assim, esta primeira

Tabela 1. Principais conteúdos dos tópicos básicos do ***briefing*** de ***design***.

Tópicos Básicos	Conteúdos
Natureza do projeto e contexto	• Sumário executivo, incluindo: – justificativas – objetivo do projeto – resultados desejáveis – responsabilidades pelo projeto
Análise setorial	• Lista de produtos • Concorrentes • Preços e promoções • Marca • Estudo das tendências • Estratégia da empresa
Público-alvo	• Características do público-alvo: sexo, faixa etária, escolaridade, nível de renda, ocupação, *hobbies* • Diferenças: regionais, culturais, hábitos de consumo
Portfólio da empresa	• Marca • Imagem corporativa • Segmentação do mercado
Objetivos do negócio e estratégias de *design*	• Principais resultados visados pelo projeto, descritos na linguagem de negócios • Atividades de *design*, correspondentes aos resultados visados
Objetivo, prazo e orçamento do projeto	• Descrição das diversas fases do projeto, especificando: – tempo previsto – orçamento – recursos humanos necessários – responsabilidade por aprovação
Aprovação, implementação e avaliação	• Aprovação do projeto: – preparação dos materiais de apresentação – responsáveis pelas aprovações • Implementação: – providências necessárias para a implementação • Avaliação: – critérios para medir o sucesso do projeto
Informações de pesquisas	• Tendências dos negócios: • Avanços tecnológicos • Lançamentos de novos produtos
Apêndice	• Materiais suplementares: – catálogos de produtos, fotos, mostruários, artigos de jornais, artigos científicos, manuais, legislações

seção serve como um **sumário executivo** do projeto. Precisa ser rico em informações, sem ser enfadonho. Segue exemplo de um *briefing* de uma grande empresa transnacional, elaborado de forma descritiva:

> "O portfólio de nossa empresa é composto de diferentes apresentações visuais, que foram desenvolvidas separadamente, atendendo a variados objetivos e estratégias adotadas no passado. Em consequência, nosso portfólio não tem coerência visual. Isso causa confusão ao nosso público-alvo, agravada pelo mercado globalizado dos nossos produtos. A fim de resolver esse problema, o nosso portfólio deve ser completamente redesenhado, seguindo um padrão único de caráter estratégico. Com isso, visa-se conseguir maior visibilidade e coerência, encurtar o ciclo de vendas, aumentar a vantagem competitiva e aumentar a participação no mercado.
> Deve-se elaborar princípios de *design* para a configuração dos novos produtos, seguindo as orientações desse padrão. As soluções de design devem refletir esse padrão, incorporando elementos que identifiquem a marca da empresa e tenham coerência visual entre todas as linhas de produtos, destacando-se dos concorrentes".

Note que grande parte das informações relevantes é comunicada em apenas cinco sentenças do primeiro parágrafo. A primeira sentença faz um diagnóstico da situação de fragmentação da imagem corporativa. A segunda lista as consequências dessa fragmentação. A terceira foca a consequência voltada para a área de *design*. A quarta, a medida recomendada, ou seja, o redesenho do portfólio seguindo um padrão único. Finalmente, as vantagens previstas do projeto. O segundo parágrafo aborda as consequências dessa orientação geral para a área de *design*.

Sendo um *designer*, minha cabeça começa a girar ao ler tais recomendações. Devem ser propostas várias soluções de *design*, contudo devem ser identificáveis como elementos de uma mesma família. A situação atual é confusa. Então, procuraria algo claro, direto e fácil de compreender. Eu precisaria desenvolver um padrão único para as apresentações visuais. Mas não posso mudar a imagem atual da marca que identifica a empresa. Além disso, cada linha de produtos deve ter certo diferencial para distingui-la de outras linhas. Esse conjunto de informações é de grande ajuda para se começar.

Os dois parágrafos do exemplo citado justificam as necessidades da empresa de modo que os não especialistas em *design* possam entender. Assim, se esse *briefing* circular entre os dirigentes não *designers* da empresa, todos terão facilidade de entender o que se pretende fazer.

A partir desses dois parágrafos iniciais, o *briefing* exemplificado segue apresentando outras informações críticas:

Para que o *redesign* seja realizado com máxima eficiência, deverá seguir as seguintes fases:

- *Fase 1* Realizar uma análise visual completa do atual portfólio da empresa, bem como dos portfólios visuais dos três principais concorrentes.
- *Fase 2* Desenvolver, no máximo, seis conceitos visuais de *design*, de acordo com os objetivos do projeto.
- *Fase 3* Testar todos os conceitos com o público-alvo.
- *Fase 4* Selecionar os três melhores conceitos e melhorá-los. Testar novamente esses três conceitos com o público-alvo.
- *Fase 5* Selecionar o melhor conceito. Desenvolvê-lo completamente e preparar o material para apresentação e aprovação.
- *Fase 6* Implementar a solução aprovada.

O projeto foi programado para ser terminado em (data de entrega). O orçamento para o projeto foi fixado em (valor financeiro).

Esse exemplo é um caso real e apresento-o aqui com a devida licença da empresa, mas ela me proibiu de divulgar o seu nome e os nomes dos concorrentes.

Esse é realmente um bom exemplo. Contudo, acho que há algumas falhas nas informações apresentadas e vou abordar esse aspecto mais à frente.

Finalmente, essa apresentação do *briefing* de apenas uma página completa-se com a colocação da data, nome do responsável pela empresa e nomes dos componentes da equipe do *briefing*:

> O responsável pelo projeto é o Sr. (nome do responsável), vice-presidente de *marketing* da empresa.
>
> A equipe de elaboração do *briefing* do projeto de *design* é composta por (nomes de todos os componentes da equipe).

Essa página única é o máximo que uma pessoa não envolvida diretamente com o projeto teria interesse de ler. Ela contém as informações essenciais. É particularmente importante que constem os nomes dos responsáveis que respondem por eventuais sucessos ou fracassos do projeto. Assim, as pessoas que tiverem interesse poderão dirigir-se a esses responsáveis.

Esta primeira seção é a mais difícil na redação de um *briefing*. Deve ser rica em informações e, ao mesmo tempo, sucinta para servir como **sumário executivo**. Pela minha experiência de mais de três décadas elaborando *briefings*, aprendi que essa seção é uma daquelas que tomam mais tempo. Além disso, é a que provoca mais debates dentro do grupo de *design*, quando o *briefing* é finalizado para apresentação. Contudo, vale a pena esse investimento em tempo e esforço, antes de iniciar o desenvolvimento do projeto.

ANÁLISE SETORIAL

Análise setorial refere-se à categoria industrial ou de serviço onde atua a empresa. Muitas vezes refere-se à "indústria", que é o conjunto de empresas atuando no mesmo setor. Em outras vezes, essa classificação não fica muito evidente. Alguns exemplos poderão esclarecer isso.

Qual é o setor da empresa McDonald's? Muita gente vai dizer *fast food*. Certo, a McDonald's serve *fast foods* e pode-se argumentar que esse é o principal negócio da empresa. Contudo, a empresa argumenta que atua principalmente no setor de **entretenimento**. A McDonald's deve grande parte do seu sucesso por ser um lugar agradável para as famílias. Ela tem parques de diversão, pequenos brinquedos, jogos, Ronald McDonald fazendo brincadeiras, tudo isso com o *slogan* "Você merece um descanso hoje!" O conceito está baseado na diversão das crianças – bem, além disso, você pode tomar um lanche. Enquanto os concorrentes focalizavam a atuação na comida, a McDonald's focaliza-se mais no entretenimento. Foi isso que a diferenciou dos concorrentes. Você pode alimentar-se em um lugar divertido. Lá você pode organizar a festinha de aniversário do seu filho. As crianças podem gastar o excesso de energia brincando nos parques, em um ambiente seguro. Essa estratégia funcionou bem para a empresa durante anos. Assim, tornou-se líder do setor.

Agora, suponha que você tenha sido convidado para realizar um projeto de *design* para a McDonald's no início da vida da empresa. Você teria pensado no entretenimento como principal negócio da empresa? Passaria pela sua cabeça incluir elementos que a assemelhassem com um parque de diversões? Se você a tivesse pensado apenas como uma vendedora de hambúrgueres, seu conceito de *design* teria sido muito limitado.

Problemas semelhantes ocorrem em outros setores. Por exemplo, empresas que projetam e fabricam aviões comerciais podem ser classificadas no setor da indústria aeronáutica. Existe lógica nisso, pois fabricam e vendem **aeronaves** para as operadoras de linhas aéreas. Os aparelhos devem ter confiabilidade, capacidade para certo número de passageiros e relações favoráveis de custo/benefício para as operadoras. Contudo, essas aeronaves só serão úteis se os passageiros estiverem dispostos a embarcar nelas. Os passageiros não consideram as aeronaves como simples máquinas. Eles querem segurança, conforto e rapidez. Nesse caso, poderíamos falar em três setores envolvidos. O primeiro é o fabricante das aeronaves. O segundo, a operadora de linhas aéreas e, o terceiro, o setor de transportes. Nesse caso também, se você estiver envolvido em projetos de *design* para um fabricante de aviões, deverá pensar ainda na operadora e até no setor de transportes aéreos.

Essa discussão setorial muitas vezes é desprezada na elaboração dos *briefings*, embora seja essencial. A vantagem é que você não precisa discutir o assunto a cada novo projeto. O esforço maior ocorre na primeira vez, até que se encontre uma categoria correta. Depois disso, nos projetos subsequentes, essa categoria pode ser repetida. Exige-se apenas uma revisão periódica, para verificar se a empresa ainda continua no mesmo ramo de atividades. Portanto, esse tópico do *briefing* não toma muito tempo para ser preenchido.

Para decidir em que setor se enquadra uma determinada empresa, pode-se examinar algumas informações, tais como a declaração da missão da empresa; a filosofia e a estratégia de negócios; e a pesquisa de mercado. Essa definição deve considerar também a posição relativa da empresa entre os concorrentes. Assim, pode-se ter uma visão clara da situação da empresa no mercado. Se a solução de *design* não focalizar corretamente a atuação da empresa, pode-se produzir excelentes projetos de *design*, mas pouco efetivos para os objetivos da empresa.

Para esse enquadramento correto devem ser considerados os seguintes aspectos:

LISTA DE PRODUTOS

A lista de produtos deve ser extensiva, incluindo todos os produtos e serviços abrangidos pelo projeto. Deve incluir as diversas formas de apresentação, participação no mercado e evolução das vendas. Como se está vendendo hoje? Como tem sido essa venda ao longo do tempo? Quais são os produtos equivalentes existentes no mercado? Há previsão de substituir este produto ou serviço a curto prazo? O produto é lucrativo?

Muitos gerentes de *marketing* (e também os *designers*) acreditam que os projetistas não necessitam desse tipo de informações. Eu não concordo, pois servem para direcionar corretamente o projeto. Assim, pode-se criar conceitos apropriados de *design*, focalizados para os objetivos da empresa.

CONCORRENTES

Deve-se criar uma lista dos principais concorrentes, especificando as participações de cada um no mercado, as suas peculiaridades e os principais pontos fortes e fracos de cada um. Por exemplo, pode ser que um determinado concorrente tenha um modelo exclusivo de produto para atender a um público-alvo específico ou seja forte em alguma microrregião localizada.

PREÇOS E PROMOÇÃO

Descreva a política de preços e promoções adotada para cada produto ou serviço da empresa, bem como dos seus concorrentes, da forma mais detalhada possível.

No início de minha carreira, aprendi muito com os erros cometidos. Certa vez, o nosso grupo recebeu uma encomenda para projetar a embalagem de um novo produto de beleza. Desenhamos um produto que parecia perfeito. Para minha surpresa, quando apresentamos o produto para aprovação, foi imediatamente rejeitado. Por quê? O produto seria distribuído como amostra grátis, encartado em um jornal local. Nós não sabíamos disso e nos esquecemos de perguntar. A embalagem devia ser pequena para caber no saco de jornais e a nossa solução não se prestava a isso. Enfim, tivemos de começar tudo de novo. Desta vez, tomando cuidado com o tamanho da embalagem.

Também tenho visto muitos casos de "superprojetos" que extrapolam a faixa de preços aceitável. O custo de implementação desse tipo de projeto exige investimentos adicionais, provocando um aumento dos custos de produção e podendo levar a empresa à perda do mercado. Assim, os *designers* precisam informar-se sobre preços e promoções, antes de começar a elaborar os seus projetos.

MARCA

Todos os produtos ou serviços da empresa devem ser analisados em relação à sua marca. Deve-se fazer o mesmo com os principais concorrentes. Qual é a percepção de sua marca no mercado, em relação aos concorrentes? Quais são os aspectos mais significativos nessas percepções? Qual é a importância disso?

Por exemplo, eu realizei um trabalho para uma empresa tradicional, com mais de 150 anos. Ela tinha a liderança do setor. De repente, apareceu uma nova empresa que se transformou no principal concorrente. Ela apresentava uma imagem moderna, atualizada, confiável e competitiva. Então, surgiu a dúvida. Será que valeria a pena abandonar uma imagem consolidada ao longo de muitas décadas para enfrentar essa nova ameaça? Deveríamos nos mover em direção a uma imagem mais contemporânea ou ficaríamos com a imagem tradicional, já consolidada? Essa não é uma decisão simples. De qualquer modo, é uma discussão essencial, anterior ao projeto de *design*.

ESTUDO DAS TENDÊNCIAS

É necessário conhecer as tendências que dominam a evolução dos produtos de um determinado setor. Por exemplo, certa vez fiz o projeto de uma embalagem para xampu. Quando comecei a fazer o projeto, os xampus eram coloridos, principalmente de verde e âmbar. Logo depois houve mudança de percepção e os consumidores passaram a preferir os xampus claros e transparentes. Os verdes e âmbar saíram de moda e foram substituídos pelos claros. Então, foi necessário mudar a orientação do projeto para adequar-se a essa nova tendência. Naturalmente, existem tendências próprias para cada setor e elas exercem forte influência nas soluções de *design*.

ESTRATÉGIA DA EMPRESA

Afinal, qual é a estratégia que a empresa está adotando atualmente? Preço? Qualidade? Inovação? Exclusividade? Valor? Apelo ecológico? Ou a estratégia baseia-se em aquisições, associações ou alianças? Essas estratégias indicam como a empresa pretende atuar, conquistando mercados e obtendo lucros. Isso naturalmente influi sobre as soluções de *design*, pois estas fazem parte da estratégia.

PÚBLICO-ALVO

A descrição do público-alvo geralmente é a parte mais facilmente entendida nos *briefings* de *design*. Frequentemente, este é descrito de forma muito resumida. Por exemplo, "mulheres entre vinte e trinta", "adolescentes", "mães", "executivos" e até "todos".

Em geral, é preciso saber mais. Qual é o nível de escolaridade dessas mulheres entre vinte e trinta? Nível de renda? São casadas? Onde moram? Quanto aos adolescentes, incluem meninos e meninas? Estudam? Trabalham? Praticam esportes? Ganham mesada? Como se divertem? Naturalmente, para cada tipo de projeto, é necessário ter um conhecimento preciso dos aspectos que atraem o interesse desse público-alvo.

Assim, é necessário descrever todas as características importantes desse público-alvo. Se o produto for universal, é necessário prestar atenção às **diferenças** étnicas e culturais de cada país. Por exemplo, uma boneca exportada para os países europeus deve ter uma tonalidade mais clara que aquelas africanas.

Tenho o hábito de visitar regularmente os públicos-alvo dos projetos que desenvolvo, para conhecer e entender as suas necessidades, da melhor forma possível. Se isso não for possível, você deverá confiar nas pessoas que os conheçam diretamente, e não por referência de terceiros. Em muitos casos, essas informações podem ser obtidas com o pessoal de vendas. Os *designers* devem estabelecer contato direto com essas pessoas que têm contato regular com o público-alvo. Não se acanhe em fazer perguntas a eles, tantas vezes quantas forem necessárias, até que se consiga obter um conhecimento completo sobre o público-alvo.

Além disso, considere que pode haver mais de um público-alvo para um mesmo produto ou serviço da empresa. Naquele exemplo do fabricante de aeronaves, os *designers* devem considerar as várias classes de público. Em primeiro lugar, a aeronave deve ter características atraentes às operadoras de linhas aéreas. Segundo, deve ser atraente também para os passageiros e para a tripulação. Considere que esses passageiros são constituídos de homens e mulheres, crianças, jovens, idosos, turistas, homens de negócios, podendo também estar incluídos portadores de necessidades especiais. Cada uma dessas classes pode ter diferentes necessidades e os *designers* devem conhecer todas elas. Portanto, uma descrição simplificada do público-alvo como "todos" pode ser um mau começo.

Os produtos destinados ao mercado global são ainda mais complicados. Uma questão muito debatida entre os *designers* é "Seria possível desenvolver uma solução de *design* que funcionasse igualmente bem para qualquer pessoa no mundo?" Minha resposta em geral é "não"! Há muitas diferenças étnicas, econômicas e culturais entre os diversos povos e regiões. Seria muito difícil projetar apenas um tipo de produto que servisse a todos.

Tive uma oportunidade de ministrar uma palestra para *designers* de uma grande empresa dos Estados Unidos, produtora de cartões comemorativos. Eles colocaram a dificuldade de desenhar cartões adequados às diferentes regiões do continente. Por exemplo, os cartões de Natal preferidos no Arizona não eram bem aceitos na Nova Inglaterra. Essas preferências eram determinadas pelo clima, tradição local e gostos diferenciados.

A empresa organizava visitas regulares dos *designers* a diversas regiões do continente norte-americano. O objetivo era captar as preferências visuais, tradições e gostos das várias regiões, de forma direta. Dessa forma, a empresa procurava desenhar cartões apropriados para cada uma dessas regiões. Nesse caso, o produto da empresa contém alta dose de trabalho de *design*. Assim, a empresa considerava compensador investir na pesquisa de cada **segmento** do público-alvo. Outras empresas podem considerar que isso não vale a pena. Por exemplo, na produção de envelopes, já não haveria tantas diferenciações regionais. Nesse caso, o *designer* pode recorrer a outros meios indiretos para obter informações sobre os públicos-alvo específicos.

No atual mundo globalizado e com consumidores cada vez mais exigentes, o projetista deve conhecer as necessidades e desejos de todos os segmentos do público-alvo, antes de começar a desenvolver os projetos. Portanto, uma descrição detalhada desse público-alvo é absolutamente essencial.

PORTFÓLIO DA EMPRESA

A apresentação do portfólio da empresa torna-se necessária quando o projeto de *design* é desenvolvido por um escritório externo. Contudo, pode ser útil também para os grupos internos de *design*. Novamente, é uma das seções do *briefing* que exige trabalho para se organizar pela primeira vez. Mas, depois de pronta, pode ser usada em todos os outros *briefings* da empresa. Deve ser revista com regularidade e atualizada quando for necessário.

Esta seção descreve a empresa e suas atividades da forma mais completa possível. Deve-se destacar os aspectos pelos quais a empresa deseja ser conhecida pelo grande público, principalmente aquele relacionado com *design*. Por exemplo, a fábrica de sorvete Bem & Jerry, uma grande empresa dos Estados Unidos, vinculou a sua marca, desde o início, com os compromissos sociais. Os empresários doaram boa parte de seus lucros para instituições de caridade e causas meritórias. Isso faz parte inerente de sua estratégia empresarial. Nesse caso, o *design* deveria considerar esse tipo de filosofia empresarial ao desenvolver conceitos para a empresa.

Em outros casos, o *briefing* deve expressar toda a gama de atividades da empresa e a imagem que ela quer construir junto ao público. Há casos em que a empresa prefere passar uma imagem **única**, monolítica, como no caso da IBM. Todos os produtos e serviços oferecidos pela empresa levam uma marca única. Esse tipo de orientação deve ser claramente expresso no *briefing*.

Por outro lado, se a empresa preferir diversificar a sua marca, deve construir uma imagem própria para **cada linha** de produtos. A Proctor & Gamble aplica essa estratégia de diversificação. Muitos consumidores não identificam que os produtos como Ariel, Ace, Crest, Wella, Pringles, Pantene, Pampers e outros são produzidos pela empresa Proctor & Gamble, cuja assinatura aparece de forma discreta. Essa estratégia de diversificação é adotada por muitas empresas que fazem autoconcorrência, lançando produtos similares com marcas diferentes. Assim, pouca gente percebe que os sabões em pó Ariel e Ace são igualmente fabricados pela Proctor & Gamble.

Há outras empresas que adotam uma estratégia de lançar produtos de marcas diferentes, mas, ao mesmo tempo, preservando a própria marca da empresa. Um bom exemplo disso é a General Motors. Eles têm automóveis de diversas marcas – Chevrolet, Buick, Cadillac e outras –, cada um com a própria marca e segmento de mercado, mas todos são apresentados como produtos da GM. Cada uma dessas submarcas destina-se a um diferente segmento de mercado, desde aquelas mais populares até o luxuoso Cadillac. Cada uma dessas submarcas tem atributos próprios, que devem ser convertidos em características visuais, embora guardem algumas características gerais da GM. Assim, o desafio é fazer uma diferenciação entre Chevrolet e Cadillac, de acordo com o público-alvo de cada um deles, e, ao mesmo tempo, reportar-se à marca-mãe da GM.

Finalmente, há empresas que adotam estratégias mistas. A Empresa Gillette tem algumas marcas monolíticas (Gillette) e outras diversificadas (Braun, Duracell, Oral B). Se você é consultado para fazer um projeto à Oral B, deve perguntar se a marca Gillette deve figurar ou não com alguma característica e com que grau de ênfase.

Portanto, ao se fazer um projeto específico, é necessário definir no *briefing* de *design* se o produto deve estar ou não integrado ao portfólio dos demais produtos e serviços da empresa.

Esta seção, assim como as outras que compõem o *briefing*, constitui-se em uma preciosa oportunidade para se discutir o projeto com o grupo de *design*, assim como com outros parceiros não *designers*. Essas discussões prévias, anteriores ao início do projeto, são muito ilustrativas para indicar o futuro caminho a ser seguido.

OBJETIVOS DO NEGÓCIO E ESTRATÉGIAS DE *DESIGN*

Pela minha experiência, a seção que trata dos objetivos do negócio é a mais importante, embora muitos se esqueçam disso.

Um projeto de *design* só se torna efetivo quando consegue solucionar o problema proposto. Para isso, é necessário que esse problema seja claramente descrito. Além disso, a solução apresentada deve ser **coerente** com os objetivos do negócio. A estratégia de *design* só pode ser bem elaborada quando a natureza do problema e a sua ligação com os objetivos do negócio forem claramente compreendidas. Já abordamos esse assunto superficialmente na primeira seção do *briefing*. Agora vamos aprofundar o assunto, formulando uma estratégia de abordagem do processo de *design*.

Todos os responsáveis pelo projeto devem participar da elaboração desta seção. Se for bem conduzido, será a melhor oportunidade para se chegar a um acordo sobre a variedade de conceitos a serem criados. Depois, ele vai ser usado durante a preparação da apresentação final da solução de *design*, a fim de obter a aprovação dos demandantes.

Como já coloquei anteriormente, você provavelmente desenvolverá o seu próprio formato do *briefing*. Contudo, apresento a minha experiência no assunto, que pode ser-lhe útil como exemplo. Costumo trabalhar com um formulário de duas colunas. A da esquerda chama-se "Objetivos do negócio" e a da direita, "Estratégias de *Design*". Solicito que o meu demandante preencha a coluna da esquerda: "Por favor, liste os objetivos do negócio previstos para o projeto, em ordem decrescente de importância". Considero que ele, como o maior interessado, seja também um grande especialista no assunto.

A coluna da direita fica sob minha responsabilidade. Eu e meu grupo detalhamos os aspectos específicos de *design*, visando atingir os objetivos do negócio, listados na outra coluna. Notem que estou falando das estratégias de *design*, ou seja, das suas características gerais e não dos aspectos específicos de desenvolvimento do projeto. Os conceitos de *design* serão criados posteriormente, a partir dessa estratégia. Um exemplo prático será apresentado no Capítulo 11 (ver Tabela 2).

Quando o formulário está preenchido nas duas colunas, faço uma reunião com o meu demandante para discuti-lo, item por item. Essa reunião nem sempre é tranquila, pois podem surgir divergências. Contudo, as discussões geralmente são muito produtivas, pois servem para esclarecer os pontos obscuros. Observe-se que isso proporciona grande economia de tempo e de esforço futuros, considerando que o projeto, propriamente dito, ainda não foi iniciado. Se a solução dessas divergências fosse postergada, provavelmente traria consequências muito mais sérias.

Quando o meu parceiro e eu chegamos a um acordo sobre os conteúdos do formulário, fazemos uma reunião maior, envolvendo toda a equipe de projeto, para que haja uma aprovação unânime dos participantes.

Embora a elaboração desta seção do *briefing* seja mais demorada que as outras, há muitas vantagens nesse processo. Ela contribuirá para focalizar melhor as atividades na fase de geração de conceitos, economizando um tempo enorme. Também contribuirá para reduzir as divagações e mal-entendidos durante todo o processo. Não é preciso dizer que essas coisas consomem tempo e provocam desgastes dos participantes.

A principal vantagem desta seção é o efeito **educativo** nas duas partes. O demandante terá a oportunidade de colocar claramente o que deseja, além de adquirir conhecimentos sobre o processo de *design* e desenvolvimento de conceitos. Os *designers*, por outro lado, entenderão os objetivos dos negócios pretendidos pela empresa e aquilo que se exige deles.

Entretanto, esse documento não deve ser considerado fechado e imutável. Durante o desenvolvimento do projeto, algum *designer* pode ter uma inspiração repentina de uma ideia brilhante, que não se enquadre nos termos do *briefing*. Nesse caso, o *briefing* pode sofrer **revisão**, a fim de incorporar essa nova solução. Para isso, é importante que o demandante e toda a equipe de elaboração do *briefing* concordem com a modificação proposta. O *briefing*, assim como qualquer outro tipo de plano, é um documento dinâmico, que pode sofrer ajustes de percurso, durante o seu desenvolvimento. Contudo, quando o *briefing* for bem elaborado, essas revisões serão mais exceção do que regra, ocorrendo só em casos excepcionais.

Lembrando a analogia feita por Kim Zarney, apresentada no Capítulo 1, é importante reunir todos os ingredientes antes de começar a cozinhar. Nossa meta é reunir todas as informações necessárias antes de começar a realizar o projeto. O objetivo é perder menos tempo discutindo opiniões pessoais do tipo "gosto" e "não gosto". Em vez disso, os problemas serão resolvidos seguindo-se o roteiro preestabelecido pelo *briefing*.

OBJETIVO, PRAZO E ORÇAMENTO DO PROJETO

Esta parte estabelece detalhes críticos para o sucesso do *briefing*. Ela assegurará que todos os envolvidos tenham um claro entendimento das fases do projeto. Servirá também para que os demandantes possam ter um entendimento melhor do processo de *design*. Se for bem conduzido, pode-se determinar, com precisão, o prazo e a remuneração justa para o projeto.

Nesta seção, o gerente do grupo de *design* poderá agrupar as atividades de projeto em alguns blocos. Ao fazer isso, facilita a explicação, aos demandantes, de certos detalhes envolvidos na execução do projeto. Muitos deles não conseguem entender por que os projetos de *design* são tão demorados ou custosos. Isso acontece porque desconhecem as **metodologias** adotadas em *design*. Essa é a oportunidade de explicar tudo isso a eles.

Frequentemente, os profissionais de *design* não explicam adequadamente o seu método de trabalho. Em consequência, muitos dirigentes não *designers* imaginam que esses profissionais simplesmente escondem-se na sala dos fundos, para criar e aparecer com soluções maravilhosas. Mais uma vez, esses profissionais são julgados como artistas. Reunindo-se com o seu demandante e explicando todas as fases do projeto, este último compreenderá por que se exige mais tempo e verba do que tinha imaginado. E, assim, você terá melhores condições de terminar o projeto com sucesso. Para isso, a descrição de cada fase deve conter, pelo menos, os seguintes itens:

- Descrição precisa da fase (atividade);
- O tempo necessário para completar a fase;
- Recursos humanos necessários na fase (não se esqueça de incluir elementos-chaves da empresa como gerentes de *marketing*, compradores, vendedores, advogados e outros);
- Aprovações para a fase (quem, quando, onde); e
- Orçamento da fase.

A quantidade de fases vai depender, naturalmente, de cada projeto específico. O importante é que a descrição de cada fase seja completamente entendida por todos os envolvidos.

Retornando ao exemplo do portfólio apresentado na fase 1, lembremos que se pretendia fazer "análise visual completa do portfólio da empresa, bem como do portfólio dos três principais concorrentes". Isso foi um bom começo. Contudo, agora pode-se indagar outros pontos do seu parceiro:

- Temos amostras de todos os produtos que figuram no portfólio da empresa? Do contrário, como conseguiremos obter esse material? Em quanto tempo?
- Quem são esses três concorrentes? Como os identificaremos?
- Existem amostras de produtos desses concorrentes? Não havendo, como serão obtidas? Em quanto tempo?
- Quais são as pessoas envolvidas na análise desse material? Quais são os critérios para se fazer essa análise?
- Como os resultados serão apresentados? Para quem? Qual é o tempo disponível para finalizar a análise? Quais são as datas de início e término?
- Qual é o orçamento disponível?
- Há alguma fase intermediária que precise de aprovação da empresa? Quem representará a empresa na tomada de decisões?

Muitas vezes, os meus demandantes ficam alarmados quando se avança no processo analítico, devido ao tempo, esforço e dinheiro envolvidos. Eles ficam surpresos quando são informados de que o projeto de *design* não pode começar sem que todos os requisitos estejam definidos e analisados pela equipe de elaboração do *briefing*.

À medida que você vai completando a análise de cada fase do projeto junto com o seu demandante, parece que o tempo e o dinheiro envolvidos vão crescendo mais do que estava inicialmente previsto. O nervosismo do seu demandante vai aumentando. Neste ponto, o gerente do projeto de *design* pode dizer "Está bem, vamos rever todas as fases para verificar o que se pode cortar". Para cada item eliminado, deve-se fazer uma outra pergunta: "Ao se eliminar ou reduzir os recursos desta atividade, quais são os riscos dos negócios?"

Note que é preferível falar em riscos dos negócios do que adotar uma posição intransigente do tipo "O grupo de *design* não concorda em eliminar esta etapa", pois poderia ouvir a seguinte resposta: "Não importa o que pensa o grupo de *design*". O representante da empresa provavelmente estaria considerando que os *designers* são muito exigentes, além do razoável. Em vez disso, falar em risco dos negócios provavelmente fará o demandante pensar mais um pouco antes de decidir pelo corte. Dessa maneira, muitos outros aspectos podem ser negociados, até se chegar a uma redefinição dos objetivos do projeto, tempo e recursos necessários.

Esse processo de negociação é salutar, porque o representante da empresa torna-se corresponsável pelo projeto. Além disso, será mais difícil o demandante colocar dificuldades em algo que ele mesmo ajudou a definir. Se esse processo envolver outras pessoas da empresa, as chances de você conseguir adesão ao seu projeto vão aumentando. Portanto, há ganhos para ambos os lados, tanto para a empresa como para o grupo do projeto.

APROVAÇÃO, IMPLEMENTAÇÃO E AVALIAÇÃO

Como já afirmamos, a definição das fases depende da natureza do projeto específico e também do tema de *design* envolvido. Por exemplo, o projeto de um produto industrial, como um aparelho eletrodoméstico, envolve diversos aspectos de engenharia e construção de modelos e protótipos. Isso já não acontece no caso do *design* gráfico, como um catálogo. Assim, no caso do projeto do produto, provavelmente haverá mais fases do que no do *design* gráfico. Contudo, em qualquer um desses casos, recomendo incluir três fases finais: 1) aprovação final do projeto; 2) implementação; e 3) avaliação dos resultados.

Evidentemente, todos os projetos devem passar por uma **aprovação final**. O *briefing* deve incluir detalhes sobre essa etapa. Quando ocorrerá a reunião para aprovação? Quem fará a apresentação? Quem decidirá sobre a aprovação final? Qual é o orçamento disponível para preparar o material de apresentação? Muitas vezes esquece-se que essa apresentação exige preparação cuidadosa, envolvendo custos. Isso deve ser previsto no orçamento geral do projeto.

A apresentação do projeto deveria ser feita conjuntamente pelos principais responsáveis pelo projeto, tanto da empresa como do grupo de *design*. Se isso não é possível, a apresentação deve ser feita apenas pelo responsável pelo projeto de *design*. Contudo, isso nem sempre ocorre na prática. Há casos em que a apresentação é feita por terceiros, que não participaram diretamente do projeto. Embora eu não concorde com isso, tal fato costuma ocorrer frequentemente. Nesse caso, resta elaborar o material de apresentação, fazer um ensaio com o apresentador e ficar torcendo para que tudo dê certo. Você então poderá ser convidado como um observador e para dirimir eventuais dúvidas. Em qualquer um desses casos, o importante é que o procedimento da aprovação esteja descrito no *briefing*. Esse assunto será explicado melhor no Capítulo 8.

Após a aprovação, o projeto passa para a etapa de **implementação**. Isso quer dizer que o projeto será posto em produção industrial ou gráfica. Envolverá também alguma forma de distribuição. Afinal, o projeto foi desenvolvido para um certo público-alvo. A implementação exige uma série de providências. Agora, aquelas pessoas identificadas como responsáveis na reunião inicial entrarão em cena para tomar essas providências. Geralmente, são envolvidos os gerentes de produção, compras, vendas, estoques, distribuição e outros. Deve-se estabelecer data e orçamento para essa implementação.

Por fim, a última fase refere-se à **avaliação** dos resultados. Essa avaliação procura determinar o grau de sucesso do projeto. Para isso, os critérios de medida devem estar previamente estabelecidos. Além disso, o processo de avaliação também pode envolver custos. Em geral, essa avaliação deve ser feita de forma compartilhada entre aqueles que se responsabilizaram pelo projeto.

Há muitas formas para se avaliar os resultados de um projeto de *design*. Mais uma vez, isso depende da natureza do projeto. Se for o caso de um novo produto, pode-se analisar o volume de vendas. Se for o redesenho de uma embalagem, verifica-se o incremento das vendas. De qualquer modo, essas variáveis podem ser definidas a partir dos objetivos declarados do projeto.

Lembre-se de que foram feitas diversas perguntas sobre os objetivos do projeto. Por que esse projeto é necessário? Por que agora? Quais são os resultados desejáveis? Quais são os objetivos do negócio? As respostas a essas perguntas fornecem a base para a avaliação dos resultados obtidos. Se as metas previstas forem alcançadas, o projeto do *design* poderá ser considerado um sucesso!

INFORMAÇÕES DE PESQUISAS

Muitas vezes, nem todas as questões são respondidas durante a elaboração do *briefing* porque dependem de decisões ou pesquisas posteriores. Entre elas incluem-se as tendências de mercado, mudanças de hábitos dos consumidores, evolução tecnológica e lançamento de novos produtos. Nesses casos, essas perguntas devem constar do *briefing*, para serem respondidas oportunamente. Além das perguntas, devem constar também os nomes dos responsáveis em dar as respostas e os respectivos prazos para elas acontecerem. Essa seção funciona como lembrete para se garantir que certas dúvidas sejam esclarecidas a tempo para que não interrompam o andamento do projeto.

APÊNDICE

Certos documentos não são parte direta do *briefing*, mas podem ser incluídos como anexo, por conterem informações para consulta. Isso inclui fotos, reportagens sobre a empresa, pesquisas de mercado, análises dos concorrentes, análises das tendências e outros. Pode-se organizar uma caixa-arquivo para guardar esses materiais, incluindo esboços de ideias que tenham ocorrido durante a elaboração do *briefing*. Essa caixa deve conter também uma cópia do próprio *briefing* e ficar disponível para que qualquer membro do grupo de *design* possa consultá-la, a qualquer tempo.

Uma coisa que ocorre com frequência é alguém perguntar: "Este projeto é parecido com aquele que fizemos há três anos. Lembra-se dele?" Nesses casos, é importante ter os *briefings* dos projetos anteriores arquivados para consulta. Isso pode economizar muito tempo na elaboração do *briefing* para o novo projeto.

ALGUMAS CONCLUSÕES SOBRE OS TÓPICOS

Neste capítulo, procurei reunir os tópicos que considero essenciais para um *briefing* bem elaborado. Contudo, você mesmo poderá adicionar outros tópicos ao seu *briefing*, se julgar necessário. Também não é obrigado a incluir todos os itens que foram abordados. O essencial é que haja um processo negociado na elaboração do *briefing*, discutindo-se todos os itens com o seu demandante. Não há problema em adicionar ou omitir certos aspectos, desde que isso seja feito de comum acordo entre as partes.

Se achar desnecessário fazer a avaliação dos resultados, elimine-a. Mas tenha cuidado. É necessário que todos os membros do grupo de *design* tenham conhecimento do que está ocorrendo com a indústria e a competição. Não presuma que todos tenham essas informações. As indústrias transformam-se rapidamente e o mercado é muito dinâmico. Da mesma forma, o portfólio da empresa pode parecer desnecessário para um determinado projeto. De qualquer modo, discuta esses assuntos antes de tomar as decisões.

Particularmente, acho que todas as seções que apresentei são importantes. Algumas delas podem ser omitidas em algum caso específico. Contudo, há um conjunto de informações essenciais em qualquer *briefing*:

- Uma clara definição do objetivo do projeto, sua natureza e contexto. Este pode ser utilizado como sumário executivo.
- Uma descrição detalhada do público-alvo.
- Análise da coerência entre os objetivos do negócio e as estratégias de *design*.
- As descrições das fases, incluindo, pelo menos, o objetivo do projeto, prazos e orçamento.

Para reforçar, considero duas seções notadamente importantes. A primeira é a coerência entre os objetivos dos negócios e as estratégias de *design*. A outra são as descrições das fases. Essas duas seções, em particular, servem para orientar o desenvolvimento do projeto.

O próprio demandante pode escrever a primeira versão do *briefing*. Contudo, o grupo de *design* também pode se reunir para produzir a sua própria minuta, antes de reunir-se com os demandantes. Tenho adotado essa prática regularmente. Assim que recebo as primeiras informações sobre o projeto, escolho as pessoas que participarão da equipe do *briefing* e faço uma reunião preliminar com elas.

Parto do princípio de que os *designers* devem participar da formulação do *briefing* desde o início. Quando chego a um acordo com a equipe, oriento para que cada participante se reúna separadamente com os representantes da empresa, para detalhar os diferentes aspectos da minuta do *briefing*. Faço isso em reuniões dois a dois porque são mais produtivas. Não considero essa prática antidemocrática, pois trata-se de uma fase preliminar, apenas para reunir informações, que depois serão discutidas com todos. Assim, evito reuniões do demandante com toda a equipe de *design*, porque isso pode tornar-se muito dispersivo. Às vezes, o próprio demandante organiza uma comissão para discutir com a equipe de projeto. Em geral, isso leva a discussões prolongadas e toma muito mais tempo.

Pode parecer que o processo descrito seja exageradamente detalhado e demorado. Para ser honesto, quando elaborar os primeiros *briefings*, você gastará mais tempo que o previsto. Mas gostaria de lembrar-lhe algumas coisas importantes. Em primeiro lugar, o tempo gasto na elaboração do *briefing* será economizado mais à frente. Segundo, à medida que você adquirir prática, o processo se tornará mais fácil e rápido.

Como já mencionei, você pode padronizar alguns **blocos** do *briefing*. A partir disso, pode-se simplesmente fazer pequenos ajustes e repeti-los nos *briefings* seguintes. Alguns blocos, como o portfólio da empresa e o processo de avaliação, provavelmente sofrem poucas mudanças de um projeto para outro. Contudo, é sempre recomendável fazer uma atualização desses blocos.

Você deve se lembrar também de que falamos do processo educativo proporcionado pelo *briefing*. Dessa forma, você estará comunicando as suas necessidades, como profissional de *design*, de modo que os seus parceiros não *designers* possam entendê-las. Além disso, ao fazer um *briefing* adequado, você estará se prevenindo de ouvir certos tipos de queixas renitentes como "Eles não entenderam", "O prazo foi muito curto", "A verba foi insuficiente" e "Eles não quiseram participar".

O processo de elaboração do *briefing* ajuda na mudança da mentalidade, superando o conceito do *design* como serviço decorativo para transformar-se em assunto estratégico, tratado nos escalões superiores da empresa. Contudo, a ampliação dessa percepção sobre o *design* pode demorar algum tempo. Isso significa que se exige certo esforço e persistência durante o período de transição. Acredito que isso não seja fácil e rápido. Mas penso também que o *design*, como uma atividade proativa, deve tomar a iniciativa de propor mudanças. Assim, poderemos elevar o nível da nossa profissão, para que possamos contribuir de forma mais efetiva, e não apenas como "embelezadores" no final do processo de projeto.

Capítulo 4

APROVAÇÃO DO *BRIEFING*

Até aqui, você e seus parceiros elaboraram um esboço do *briefing* e escolheram o formato preferido pela empresa. Agora você precisa finalizar o *briefing* envolvendo os principais responsáveis pela sua elaboração.

Isso exige um planejamento cuidadoso entre as partes. Tudo o que você não quer é uma querela demorada em reuniões de comissões para elaborar diversas versões do *briefing*. A minha experiência recomenda que cópias de uma minuta do *briefing* sejam distribuídas apenas aos responsáveis pela sua elaboração. Dê-lhes um prazo apertado – não mais que cinco dias úteis – para analisarem o documento. Diga que essa análise é apenas para detectar alguma omissão ou erros flagrantes. Não é para discutir conceitos de *design*. Se possível, agende uma reunião em particular com a equipe. Duas horas são suficientes para isso.

Se alguém não puder comparecer pessoalmente, peça para encaminhar comentários por escrito, um dia antes da reunião. Durante a reunião distribua aos presentes cópias desses comentários. Certifique-se de que esses comentários serão discutidos durante a reunião. Se não fizer isso, correrá o risco de receber futuras críticas dos ausentes. Alguém poderá dizer: "Eu mandei os meus comentários por escrito, mas vejo que não foram considerados". O risco é que alguém se omita de suas responsabilidades porque não se considerou devidamente prestigiado.

REVISÃO FINAL

Existem muitas razões para se fazer a revisão final do *briefing* de *design*. Em primeiro lugar, serve para verificar se não há informações erradas. Você deve conferir as informações sobre tendências setoriais da indústria para certificar-se de que estejam atualizadas. É importante que as informações sobre o público-alvo sejam confiáveis. Deve-se conferir se o portfólio da empresa é realmente relevante para os propósitos do projeto.

Depois disso, é necessário revisar os objetivos dos negócios, os resultados esperados e a estratégia de *design*, bem como todas as fases previstas do projeto. Deve-se prestar atenção nos prazos e orçamentos previstos para cada fase. Pode haver discussão sobre cada uma das seções, entre os membros da equipe. Os demais parceiros têm a responsabilidade de explicar e defender cada seção tendo em vista os negócios.

Os apêndices, quando existirem, podem ser ou não incluídos nessa revisão. Devem ser incluídos se contiverem informações essenciais para o projeto. Do contrário, podem ser excluídos. Isso acontece no caso de materiais específicos que só interessam para algum detalhe do projeto.

O gerente de *design* pode utilizar esse processo, mais uma vez, como oportunidade para demonstrar que o *design* é uma disciplina para solucionar problemas relacionados com os negócios da empresa e não apenas para criar apelos estéticos. Esse gerente pode demonstrar que há uma necessidade ditada pelos negócios da empresa, que será solucionada pelo *design*. Esse problema deve ser abordado de forma estratégica pelo grupo de *design*, a fim de melhorar a posição competitiva da empresa.

Há também diversos benefícios secundários. Isso inclui as diversas pessoas da empresa que participam do projeto desde o início, fornecendo informações ou tomando decisões. Elas se sentirão prestigiadas com isso e ajudarão na aprovação final do projeto.

Lembro-me de uma apresentação em que um alto dirigente ficou surpreso quando listamos todas as pessoas que tinham colaborado com o projeto. Recordo exatamente suas palavras: "Pensei que tudo isso fosse resultado de alguma extravagância de algum membro de sua equipe". Esse tipo de surpresa pode ser evitado, adotando-se um processo participativo e estratégico desde o início do projeto.

O *BRIEFING* APROVADO

Seu objetivo agora é obter a aprovação do *briefing* o mais rápido possível para que se possa iniciar o projeto. Eu sempre tomo o cuidado para que todos os membros da equipe de elaboração do *briefing* assinem ou rubriquem a versão final. Além disso, as eventuais mudanças deverão ser feitas sempre com a concordância de todos.

Quando o *briefing* estiver aprovado, recomendo enviar cópias dele a todas as pessoas que participaram de sua elaboração, contudo sem qualificá-las como membros da equipe do *briefing*. Entre elas, incluem-se todas as pessoas que participaram das discussões e aprovações das diversas fases e também o responsável pela aprovação final. Ocasionalmente, uma ou mais dessas pessoas farão leitura e apresentarão comentários. Às vezes, esses comentários são negativos ou reprovadores. Se forem procedentes, será necessário fazer uma revisão do *briefing*. Outras vezes, representam apenas opiniões pessoais, colocações subjetivas ou marginais, que não interferem naquilo que foi proposto. Muitos não resistem à tentação de dar palpites e oferecem ideias para solucionar o problema.

Lembro o caso de uma pessoa que leu o *briefing* e sugeriu: "Colocar um monte de estrelas na capa como símbolo da nossa linha de produtos *Estelar*". Não é recomendável transformar a atividade de *design* em um trabalho em comissão. Nesse caso, mandei um cordial agradecimento, explicando que o projeto seria realizado por um grupo que se esforçaria para alcançar os resultados previstos e satisfazer aos objetivos dos negócios. Pode-se salientar também que há um sistema de acompanhamento do projeto e que cada etapa deverá passar pela aprovação das pessoas designadas para isso.

Como gerente de *design*, trabalho **separadamente** com a equipe de elaboração do *briefing* e o meu próprio grupo de *design*. A equipe de elaboração envolve representantes não *designers* de outros setores da empresa. Já o meu grupo participa da elaboração da minuta do *briefing* e de discussões internas, quando necessário. Naturalmente, quando o *briefing* estiver aprovado, vou destacar algumas pessoas do meu grupo para desenvolver o projeto descrito no *briefing*.

Tendo trabalhado como *designer* gráfico na maior parte da minha carreira, sempre tive uma colaboração intensa dos redatores. Sempre os incluí nas reuniões para a criação das soluções. Por duas vezes, em minha vida profissional, esses redatores eram integrantes do meu grupo de *design*. Quando as soluções envolviam técnicas especiais de impressão, eu convidava também representantes da indústria gráfica. Aprendi a fazer isso porque descobri que os representantes das gráficas podem oferecer ajudas importantes, desde que sejam consultados nas fases iniciais do projeto.

Outros tipos de projetos de *design* podem necessitar de ajuda sobre assuntos específicos, principalmente sobre materiais e processos industriais. Os *designers* não dominam todos esses conhecimentos, mas devem saber a quem recorrer se esses problemas surgirem.

SOLUÇÕES INTERNAS E EXTERNAS

Uma empresa pode organizar o seu próprio grupo interno de *design* ou contratar um escritório externo para desenvolver os projetos. No caso do grupo interno, os seus membros geralmente participam da elaboração do *briefing*. Entretanto, no caso do escritório externo, muitas empresas elaboram internamente o *briefing* e só depois vão contratar o executor do projeto. Pessoalmente, não aprovo esse procedimento. Penso que, tanto em um caso como no outro, os *designers* deveriam participar da equipe responsável pela elaboração do *briefing*.

Considero contraproducente apresentar um *briefing* pronto para os grupos de *design*, sejam eles internos ou externos à empresa. É importante que membros desses grupos participem de sua elaboração. É para isso que existem as **propostas de projeto**, como foi apresentado no Capítulo 1. A seleção do escritório externo poderia ser feita antes da elaboração do *briefing*, baseando-se na proposta de projeto. Assim, o *briefing* seria considerado uma das etapas iniciais do próprio trabalho contratado.

Trabalhei em muitas empresas que não mantinham grupos internos de *design*. Contudo, havia gerentes de projeto que representavam a empresa, supervisionando os trabalhos externos. Esses casos existem porque muitas empresas ainda não entenderam que o *design* pode exercer um papel estratégico nos negócios. Elas consideram que basta ter um gerente habilidoso para supervisionar os serviços de arte.

Se o gerente de projeto não for entendido em *design*, recomendo que a empresa trabalhe com propostas de projeto, que servem para contratar o escritório externo de *design*. Só então seria elaborado o *briefing*, com a participação desse gerente, representando a empresa, juntamente com as pessoas do escritório contratado. Assim, todos se sentirão responsáveis pelo sucesso do projeto. Do contrário, pode haver um jogo de empurra. Cada parte culpando a outra, se algo der errado. Portanto, o ideal, no caso de projetos externos, é ter um gerente da empresa que entenda de *design*. Ele deve participar efetivamente da elaboração do *briefing* e fazer acompanhamentos posteriores, durante o desenvolvimento do projeto.

CAPÍTULO 5

USOS DO *BRIEFING*

As estratégias de *design* fornecem instrumentos para que a equipe de projeto possa gerar conceitos criativos para o projeto. Como todos os *designers* sabem, essa criação não é tão fácil como muita gente imagina. A coluna das estratégias de *design*, já apresentada no Capítulo 3 e exemplificada na Tabela 2 (Capítulo 11), pode ajudar na busca de inspirações.

Não se deve gerar falsas expectativas. Em certa ocasião, trabalhei em uma empresa que perdeu **credibilidade**, pois anunciava produtos que ainda não existiam. Na ânsia de conseguir vantagem competitiva, anunciava produtos inovadores que estava desenvolvendo, bem antes de ter protótipos desse produto. Para isso, usava apenas desenhos e ilustrações do produto. Ao final, o lançamento desse produto tomava muito mais tempo e a empresa perdia credibilidade, com sérios danos à sua imagem.

Para que essas coisas não aconteçam, há empresas que não aceitam colocar desenhos ou ilustrações em seus catálogos, mas apenas fotos de consumidores usando os produtos **reais**. Assim, podem criar peças que, além de inovadoras, tenham credibilidade. Essa simples estratégia de *design* pode ser passada à equipe de criação com a seguinte orientação: "Todos os conceitos devem ser gerados com base na realidade".

Muitas vezes fico surpreso quando vejo pequenos grupos de *designers* reunidos para discutir as estratégias de *design* e rapidamente começam a gerar conceitos criativos. Eles ficam imediatamente excitados e inspirados para fazer a geração de alternativas. É um bom começo para a solução do problema.

A elaboração prévia das estratégias de *design* contribui para acelerar o processo de desenvolvimento do projeto. O tempo que se ganha com isso é bem maior que aquele gasto na elaboração dessas estratégias. Alguns *designers* temem que essas estratégias limitem a sua criatividade. Isso não deveria constituir-se em problema, porque sempre há possibilidade de se fazer **revisão** do *briefing*, caso surja alguma ideia genial. Contudo, é necessário frisar que essa ideia genial só será aproveitável se for coerente com os objetivos dos negócios do projeto (ver Tabela 2). Ele ainda deve representar uma solução **efetiva** do problema de *design*, e não apenas uma criação artística.

As estratégias de *design* podem ser utilizadas também como instrumento de acompanhamento dos trabalhos e avaliação dos conceitos gerados. Esses conceitos podem ser conferidos se realmente satisfazem os objetivos pretendidos. Por muito tempo, os *designers* gráficos disseram que seus trabalhos não poderiam ser avaliados em termos de negócios. Penso que se pode estabelecer critérios objetivos para substituir opiniões subjetivas do tipo "Eu não gosto disso". Evidentemente, quando alguém diz "eu não gosto disso", está manifestando a sua opinião sincera. Contudo, pode-se estabelecer critérios para avaliar se determinados conceitos gerados satisfazem os objetivos dos negócios.

A natureza do *design* tem a sua subjetividade, ou seja, nada é absoluto. Como diz o velho ditado, "a beleza está nos olhos de quem vê". Esse simples ditado reflete a dificuldade do trabalho do *designer*. Enquanto a arte pode ser completamente subjetiva, o mesmo não pode acontecer com *design*. Não se pode permitir que as discussões sobre *design* entrem no campo muito subjetivo dos sentimentos, gostos e opiniões pessoais.

Costumo estabelecer algumas **normas** desde a primeira reunião para se discutir qualquer trabalho de *design*. De acordo com essa norma, ninguém, inclusive eu, poderá usar termos como "eu penso", "eu acredito", "eu suponho", "eu acho", "eu sinto", "eu gosto" e "eu não gosto". Explico que esses termos expressam opiniões muito pessoais e podem ser pouco relevantes para a solução do problema. Você pode gostar do azul, e eu, do vermelho, mas essas preferências pessoais não contribuem para resolver o projeto. Em vez disso, a discussão deveria ser feita em termos mais **objetivos**, tais como: "Deve-se adotar a cor azul porque é a tendência atual da moda, de acordo com a pesquisa feita pela agência abc" ou "Este conceito serve para resolver o problema, porque está de acordo com os critérios estabelecidos na seção xy do *briefing*". Dessa forma, as discussões são focalizadas no problema e na estratégia de negócios e não apenas nas preferências e opiniões pessoais.

Se alguém lhe disser "Eu não gosto disso", aceite o sentimento sincero dessa pessoa, mas tente sair da subjetividade dessa manifestação, conduzindo a discussão para uma forma mais objetiva. "Eu aceito que você não goste, mas quais são os aspectos (figuras, cores, *layout*) que não estão de acordo com os objetivos do problema?" Frequentemente, as pessoas simplesmente não conseguem dizer por que não gostam. Nesses casos, o *designer* deve ter argumentos suficientes para explicar que o conceito foi adotado porque estava de acordo com os objetivos de negócios da empresa. Se o *designer* conduzir a discussão apenas em termos subjetivos, provavelmente não será bem-sucedido.

APROVAÇÃO NOS DIVERSOS NÍVEIS HIERÁRQUICOS

A parte do *briefing* que define o objetivo do projeto, prazo e orçamento serve como um guia para desenvolver o projeto. Existem muitas técnicas para fazer o acompanhamento do projeto. Alguns fazem o acompanhamento manual, enquanto outros usam os diversos programas de *softwares* disponíveis para isso. Gosto particularmente de um programa desenvolvido pela empresa Workflow by Design. Esse programa informatizado para acompanhamento de projetos foi adotado por muitas empresas.

Contudo, essa questão geralmente recai num âmbito mais geral da empresa, pois ela provavelmente gostaria de fazer um monitoramento de **todos** os projetos em execução – e não apenas aqueles de *design*. Assim, ao final de cada dia, poderia verificar os progressos realizados, conferir o adiantamento ou atraso em relação ao previsto, e os gastos realizados. Esse acompanhamento evitaria o esquecimento ou omissão de certas atividades. Por exemplo, se houver necessidade de analisar os aspectos legais, isso já foi agendado com o advogado? Se esses detalhes forem esquecidos, ou deixados para o último minuto, podem causar atrasos no cronograma.

É interessante envolver muitas **pessoas-chave** da empresa no início do projeto. Elas geralmente gostam de ficar informadas, além de isso não constituir muito ônus para as mesmas. Sentem-se mais envolvidas, mostram-se mais dispostas a colaborar em alguma eventualidade e colocam menos obstáculos à aprovação dos resultados.

Tradicionalmente, os *designers* costumam deixar os não *designers* fora do processo, porque há uma crença de que eles são muito críticos. Os *designers* deixam para comunicar tudo na última hora, para que os não *designers* não atrapalhem. Essa resistência pode ser reduzida se eles receberem informações sobre o projeto desde o seu **início**. Essa comunicação dever ser bem profissional, a mais objetiva possível, em linguagem de negócios. Deve-se dizer o que você está fazendo e como isso se relaciona com os objetivos da empresa. Fazendo-se isso, dificilmente alguém reagirá de forma negativa.

Há casos também de ajudas externas valiosas. Conheço uma situação de um trabalho de *design* gráfico em que os *designers* chegaram à conclusão de que o melhor processo para se garantir a qualidade necessária seria a impressão metalizada. Contudo, era um processo caro, e o orçamento previsto, insuficiente. Ao envolver o gerente da gráfica desde o início, ele se interessou pelo assunto e procurou uma outra técnica que proporcionava igual qualidade de impressão, sem custos adicionais. Provavelmente isso não teria acontecido se ele tivesse sido chamado de última hora.

Outra questão relaciona-se com a necessidade de aprovar o projeto nos diversos níveis hierárquicos da empresa. Os *designers* geralmente só gostam de mostrar o projeto quando o mesmo está concluído. Se tiver que passar por vários níveis de aprovação, um gerente de nível subalterno pede-lhe para fazer pequenas modificações, e você faz. No nível seguinte acontece a mesma coisa. E assim sucessivamente. Chega um ponto em que seu projeto fica completamente desfigurado, um verdadeiro Frankenstein, não servindo para resolver o problema proposto. Contudo, se esses gerentes subalternos tivessem sido envolvidos desde o início, provavelmente proporiam menos mudanças. Além disso, ao ter uma visão geral do problema, não fariam sugestões descabidas. É importante também aprovar por etapas, de modo que os pequenos erros sejam corrigidos logo, para que não se propaguem ao longo do projeto. Desse modo, quando o mesmo for apresentado para aprovação final, todos esses problemas intermediários terão sido sanados.

AVALIAÇÕES

Tenho o hábito de submeter o projeto a algumas avaliações externas durante o seu desenvolvimento. Ninguém pode se comportar como os pais de um bebê recém-nascido, que o consideram a coisa mais linda do mundo. Você e sua equipe estarão demasiadamente envolvidos e não conseguirão ter uma visão crítica. Eu faço pelo menos duas avaliações, submetendo as propostas a uma amostra do público-alvo. A primeira, na fase inicial de geração de conceitos, e, depois, quando a alternativa preferida for selecionada.

Como se pode fazer isso? O modo mais rápido e simples é ir diretamente ao seu público-alvo. Quando eu já tenho três ou quatro conceitos gerados, peço para acompanhar o homem de vendas durante uma tarde. Naturalmente, não se pode interferir no processo de venda. Contudo, após a venda realizada, solicito alguns minutos de atenção do consumidor. Eu simplesmente peço para ele ou ela manifestar-se sobre cada um dos conceitos, sem entrar em detalhes.

Os consumidores geralmente gostam de dar palpites e costumam ser bem sinceros. Às vezes, descobre-se que o seu conceito favorito não é o preferido deles. Isso indica que algo está errado. É melhor descobrir isso agora, quando ainda é fácil de corrigir, a baixos custos. Esse método pode ser considerado científico? Absolutamente não! Mas acho que é barato, rápido e suficientemente confiável para avaliar conceitos.

Mais à frente, quando o projeto já está próximo do término, costumo usar técnicas mais formalizadas de avaliação. O objetivo dessa avaliação é verificar se todos os objetivos previstos foram alcançados, de acordo com aquilo que estava descrito no *briefing*.

PÚBLICO-ALVO

Os *designers* precisam ter todas as informações possíveis sobre o público-alvo do projeto. Afinal, é o público-alvo que vai determinar, finalmente, se o projeto atingiu ou não os objetivos previstos. Há inúmeros exemplos de produtos que não foram bem-aceitos pelos consumidores e que causaram enormes prejuízos às empresas que os lançaram.

No caso dos grupos internos de *design*, a consulta ao público-alvo é feita rotineiramente. Devido a isso, os projetos desenvolvidos por grupos internos podem ser menos demorados do que aqueles realizados por escritórios externos. Contudo, se você tem pessoal novo em sua equipe ou se o projeto é executado por um escritório externo, é necessário investir na pesquisa do público-alvo, antes de começar o projeto.

Todas as informações sobre o público-alvo são críticas para o *design*. Por isso, não posso caracterizá-lo de forma simplista como "mulheres, entre vinte e trinta" ou "executivos," como já vimos no Capítulo 3. Os *designers*, por dever de ofício, devem conhecer esse público-alvo melhor que qualquer outra pessoa na empresa. Só assim eles terão competência para ocupar uma posição estratégica.

OUTRAS SEÇÕES DO *BRIEFING*

Uma das razões de minha rejeição aos *briefings* muito resumidos, ou pior, aqueles verbais, é que eles não apresentam certas informações essenciais ao *design*. O *briefing* deve ser completo, o mais detalhado possível, com envolvimento de todos os interessados, sejam eles *designers* ou não. Isso funciona como uma partitura, para que todos toquem a mesma música.

Um *briefing* bem elaborado pode ser usado como um ponto de referência comum, para haver **convergência** de esforços na busca de uma solução criativa. Se surgirem novas informações ou soluções extremamente criativas que não se enquadrem no *briefing*, este deverá ser revisto. Nesse caso, todas as pessoas que participaram da elaboração anterior do *briefing* devem ser comunicadas. Devem ser informadas não apenas das mudanças introduzidas, mas também das razões para isso.

Um *briefing* completo funciona como um guia seguro na busca de soluções para o problema proposto. Ele deve apresentar um conjunto de informações, como o portfólio da empresa, análise setorial, dados de pesquisas e outras informações relevantes. O apêndice pode ser uma parte importante se contiver informações valiosas, como catálogos dos concorrentes, recortes de jornais ou artigos científicos, que sirvam de apoio ao desenvolvimento do projeto.

Todas as seções do *briefing* devem ser discutidas francamente com a equipe do projeto. Isso é particularmente recomendado quando alguns deles não participaram da elaboração do *briefing*. Baseando-se em um documento escrito, essas discussões podem ser realizadas com bastante objetividade.

Todos os *briefings* devem ser arquivados para consultas futuras, para o caso de a empresa realizar o *redesign* do produto ou desenvolver outros produtos semelhantes. Parte das informações contidas nesses *briefings* pode ser atualizada e reaproveitada, economizando-se tempo e esforço na elaboração dos futuros *briefings*.

Capítulo 6

ANÁLISE DOS CONCORRENTES

Já mencionei anteriormente que se deve fazer uma pesquisa dos principais concorrentes da empresa, examinando-se produtos, embalagens e acessórios produzidos por eles. As equipes internas de *design* devem fazer isso rotineiramente, coletando e analisando sistematicamente esses materiais. Com essas coletas consegue-se elaborar um panorama e traçar uma tendência daquilo que o público-alvo está recebendo dos principais concorrentes. Os escritórios externos de *design* também podem dar um giro no comércio e coletar as amostras significativas. As equipes internas levam vantagem nesse particular, pois podem acompanhar a evolução dos concorrentes a longo prazo. Enquanto isso, as equipes externas só fazem uma amostragem instantânea, na ocasião em que forem contratadas para realizar o projeto.

As grandes empresas costumam investir consideráveis montantes de dinheiro, tempo e recursos humanos na análise dos concorrentes. Os produtos dos concorrentes são adquiridos, desmontados e analisados cuidadosamente, de forma regular, contando-se com equipes próprias para isso. Além dos aspectos tecnológicos, ligados a materiais, componentes e processos, analisam-se também os aspectos mercadológicos, como vendas, participação no mercado, lucratividade e outros. Contudo, essas análises raramente incluem os aspectos de apresentação **visual** dos produtos.

Todas as informações relativas aos consumidores interessam ao *design*. Seria conveniente que a equipe de *design* recebesse esses tipos de informações de forma rotineira, a fim de acompanhar a evolução do mercado. A análise dessas informações pode indicar uma oportunidade para o desenvolvimento de um novo produto. Mapeando-se todos os concorrentes, pode-se verificar, por exemplo, que determinado segmento do mercado ainda está a descoberto, indicando uma "janela" de oportunidade para o desenvolvimento de um novo produto para atender a esse segmento do mercado.

Contudo, o *design* deve realizar as suas próprias análises, organizando um painel visual dos concorrentes e das soluções de *design*. Fazendo isso, o *design* vai capacitar-se a contribuir continuamente para a melhoria dos negócios da empresa.

ACOMPANHAMENTOS SISTEMÁTICOS

A prática mais comum é coletar tudo o que se consegue dos concorrentes, para uma comparação com os seus próprios produtos. Você consegue saber aquilo que os concorrentes estão fazendo realmente bem, além de analisar os detalhes dos componentes, materiais, processos e acabamentos utilizados. Nos últimos anos, essa análise dos concorrentes tem incluído também os *websites* das empresas. As vantagens competitivas dos concorrentes podem recair em certos aspectos, como preço, funcionalidade, durabilidade, valor, elegância, facilidade de manutenção e outros. Contudo, o mais importante é verificar se os concorrentes estão usando *design* como uma vantagem competitiva: Quais são os elementos de *design* que estão funcionando bem para eles? Como conseguem fazer isso? Onde estão as fraquezas?

Em *design* gráfico, costumamos ter uma grande sala, chamada de **Sala de Guerra**, onde os principais materiais dos concorrentes são pendurados nas paredes. Convidamos os ocupantes de outros cargos, como *marketing*, vendas, produção e outros para analisar esses materiais junto com o grupo de *design*. Essa é uma experiência inédita para muitos deles. Eles confessam que nunca tinham pensado no *design* como um elemento da vantagem competitiva. Para eles, *design* parece coisa muito subjetiva, não merecendo maior atenção.

Convidamos os ocupantes de outros cargos para discussão e juntamos as observações deles com as do grupo de *design*. Interessam-nos particularmente as manifestações do público-alvo sobre as soluções de *design* dos concorrentes. Eu insisto para que o grupo de *design* saiba o **máximo** possível sobre os concorrentes, antes de começar a gerar conceitos para o nosso projeto.

Os não *designers* não nos ajudam diretamente, mas ficam impressionados com a nossa metodologia. O pessoal de *marketing* e de vendas costuma ter excelentes informações sobre o mercado, preços, distribuição e outros aspectos. A partir desses elementos, o *design* pode recolher insumos preciosos para melhorar a qualidade de seus trabalhos.

A partir da análise dos concorrentes, procuramos listar as características que possam **diferenciar** o nosso produto daqueles dos concorrentes. Esse tipo de discussão costuma ser bastante produtivo e ajuda a economizar muito tempo do projeto. Com isso, os *designers* conseguem ter um bom panorama daquilo que está acontecendo no mercado. Além disso, são analisadas, também, as variações feitas pelos concorrentes para adequar-se às diferenças regionais e culturais de vários países. Isso é particularmente válido quando se está projetando para o mercado global.

Apenas uma vez na minha vida profissional encontrei alguém com opinião diferente. No caso, era o presidente de uma grande empresa que se considerava líder do mercado, e todas as outras procuravam copiá-la. Havia uma ordem expressa: "Não se deve gastar tempo ou dinheiro analisando os concorrentes – deixem que eles nos analisem." Parece-me uma postura muito arrogante. Eu não posso concordar com esse ponto de vista, pois acredito que algumas empresas, mesmo sendo pequenas, podem ser criativas e competitivas.

Assim, como regra geral, sugiro um acompanhamento sistemático dos concorrentes. Isso pode ser feito rotineiramente, mesmo que as informações geradas não tenham uma aplicação imediata, pois elas poderão ser muito úteis no futuro. Quando surgir alguma necessidade específica, isso poderá economizar muito tempo do projeto.

Tenho conversado com muitos executivos de empresas a fim de prestar serviços de consultoria. Fico surpreso como eles acreditam na fidelidade dos seus consumidores. Muitos afirmam que seus leais consumidores jamais pensariam em comprar produtos dos concorrentes. Então, vou em frente para entrevistar o público-alvo. Ouço os consumidores dizerem que estão satisfeitos com os produtos ou serviços de uma determinada empresa. Contudo, se encontrarem algo mais interessante, mais atraente, mais barato ou com algum outro aspecto melhorado, não hesitarão em experimentá-lo.

Os consumidores, na maioria dos casos, são volúveis. Eles estão sempre pesquisando aquilo que seja melhor para eles. Portanto, a empresa precisa estar sempre atenta para verificar aquilo que os concorrentes estão oferecendo. No que compete ao *design*, é necessário analisar as apresentações visuais e escritas e como isso pode influir no processo de criação de novos produtos.

COMPILAÇÃO DO MATERIAL DOS CONCORRENTES

Reunir os materiais dos concorrentes pode ser um processo demorado e caro, principalmente se houver urgência. Recomendo que esses materiais sejam coletados de forma rotineira, aproveitando certas oportunidades. Uma das melhores formas é frequentar as feiras de indústrias, onde são lançadas as novidades. Os *designers* deveriam ser os primeiros profissionais da empresa a serem indicados para frequentar essas feiras. Pense nisso. Não existe outro lugar onde você possa ver tantos concorrentes reunidos e apresentando as suas novidades. Você pode encher várias sacolas com amostras, *folders* e cartazes de todos eles, de uma só vez!

Assim, pode-se coletar, em apenas um dia, aquilo que poderia levar até um ano, a custos muito maiores. Muitos expositores permitem que se façam fotos e vídeos de seus produtos. Nesses casos, podem ser captados certos detalhes que interessam ao *design*, complementando as informações dos catálogos. Uma pessoa atenta pode ouvir também as explicações dos expositores sobre as inovações e a fatia do mercado que pretendem conquistar.

Não há nada de imoral ou ilegal nessa prática. Afinal, todos estão lá para se mostrar e você pagou a entrada para ver a exposição, como uma outra pessoa qualquer. Provavelmente, você será obrigado a usar um crachá identificando a sua empresa. Algum concorrente talvez não seja cordial para mostrar-lhe determinados aspectos do produto. Contudo, um observador perspicaz é capaz de analisar o produto e tomar notas. Outros permitem que sejam fotografados. Assim, essas feiras são verdadeiras minas de ouro para se fazer análise dos concorrentes.

Outra fonte interessante são os **vendedores** da empresa. Eles se relacionam diariamente com os consumidores e provavelmente ouvem muitos comentários sobre os concorrentes. Eles só precisam saber aquilo de que você precisa e, naturalmente, por que você precisa de determinadas informações. Assim, eles poderão ficar atentos para determinados detalhes. Essa é uma excelente oportunidade de começar um bom relacionamento com os vendedores. Há também outras pessoas que podem fornecer informações valiosas. Se você estiver projetando para o mercado global, contate os representantes de outros países e peça a eles que lhe mandem exemplares de produtos, fotos ou catálogos dos concorrentes nesses países.

Quando estiver analisando os produtos concorrentes, tome notas ou faça esboços dos aspectos notáveis e das boas soluções de *design*. Esses detalhes podem passar despercebidos para os não *designers*, mas podem constituir rico material de estudo para os profissionais em *design*.

Qualquer que seja a forma de coletar e reunir materiais dos concorrentes, considere essa atividade como uma etapa da elaboração do *briefing*. Se você ainda não tiver esses materiais, faça uma previsão de tempo e recursos necessários para coletá-los e organizá-los.

CAPÍTULO 7

CONQUISTA DA CREDIBILIDADE E CONFIANÇA

Quero abordar agora uma questão que deve estar martelando em sua cabeça. "Concordo com tudo o que você está colocando. Mas, tenho dificuldades na minha empresa. Lá o *design* não é considerado um assunto estratégico, como você insiste. Também não nos dão recursos e tempo suficientes para desenvolver o trabalho. O que devemos fazer?"

Essa é uma situação bastante comum. Na melhor das hipóteses, o *design* tem sido considerado um mal necessário. A direção da empresa sabe que precisa do *design*, mas não lhe dá o devido valor. Nos seminários que apresento no DMI sobre as Vantagens Estratégicas do *Design*, eu peço aos participantes que preparem **duas** transparências. Na primeira, devem colocar uma lista de palavras que descrevam a sua **própria** atividade de *designer* ou de gerente de *design*. Na segunda, outra lista descrevendo como os **outros** gerentes da empresa percebem o *design*. Eu também peço que incluam alguma imagem representativa da situação, em cada transparência. Os resultados são fantásticos.

Com pequenas exceções, a primeira transparência inclui palavras como "criativo", "talentoso", "milagroso", "rápido", "superficial", "barato", "pouco relevante" e "salva-vidas". As imagens são algo como polvos com vários tentáculos ou alguém oprimido e incompreendido. Na segunda, aparecem palavras como "difícil", "lento", "bem-intencionado" e, frequentemente, o "mal necessário".

Passei esse exercício durante mais de cinco anos. Curiosamente, nunca houve um participante que argumentasse: "Eu preparei apenas uma transparência porque me vejo exatamente como os outros me percebem". Apenas uma vez, uma participante entregou a segunda transparência em branco, argumentando: "Os gerentes não têm nenhuma percepção sobre mim e meu trabalho".

Contudo, em geral, os participantes sentem-se pouco prestigiados. "Eu faço um trabalho maravilhoso, opero milagres para a empresa, mas ela não me valoriza. A empresa me considera uma pessoa útil – contudo, não me ouve, não me dá tempo nem verba suficiente e nem me chama para as discussões desde o início dos projetos". Por que essas coisas acontecem ainda? A resposta é simples. A credibilidade dos *designers* tem sido baixa junto aos executivos da empresa e, assim, *designers* recebem pouca confiança para a tomada de decisões importantes.

Eu me lembro de uma outra apresentação curiosa. Um jovem participante explicou que coloca tempero, aroma, excitação e eficácia em seus projetos. Acrescentou que esses projetos contribuem para o enorme sucesso da empresa. Disse que era um *gourmet* e simbolizou isso com um ramo de manjericão. Na segunda transparência, indicou que os gerentes não *designers* acham difícil trabalhar com ele, que não completa os trabalhos dentro do prazo, e não estão dispostos a ouvi-lo, embora concordem que apresente boas ideias. Acrescentou a imagem de uma salsa, dizendo: "Eles acham que tenho uma função decorativa, como uma salsa no canto do prato, mas não faço parte da iguaria principal". Gostei dessa apresentação pelos aspectos simbólicos e humorísticos para colocar aquilo que tenho ouvido sempre: "Eu sei que sou bom, mas sou pouco reconhecido".

Como já afirmei no Capítulo 1, a visão distorcida **deles**, não *designers*, deveria ser substituída pela **nossa** falha de comunicação. Essa falha explica a grande discrepância entre a nossa autoimagem e aquela que os outros fazem de nós. Cabe a nós mudar essa situação da dupla imagem, mesmo que isso leve algum tempo.

Você não pode acordar simplesmente na segunda-feira e dizer: "Eu li este livro durante o final de semana e agora conheço a forma correta para fazer os *briefings*. Daqui para frente serei seu parceiro confiável e quero participar do processo desde o início". Ninguém acreditará que você se transformou tão rapidamente em um final de semana. Em vez disso, você deve mudar o modo de relacionar-se com as pessoas, a fim de adquirir credibilidade e confiança delas. Isso exige algum tempo e muito esforço, até que os outros se convençam disso.

CRIAÇÃO DO VALOR

Desenvolvi um modelo para explicar a importância do *design*, tanto para os *designers* como para os gerentes de *design* que atuam em empresas. Esse modelo é apresentado esquematicamente na Figura 1.

Figura 1. Modelo para a criação do valor do *design* na empresa.

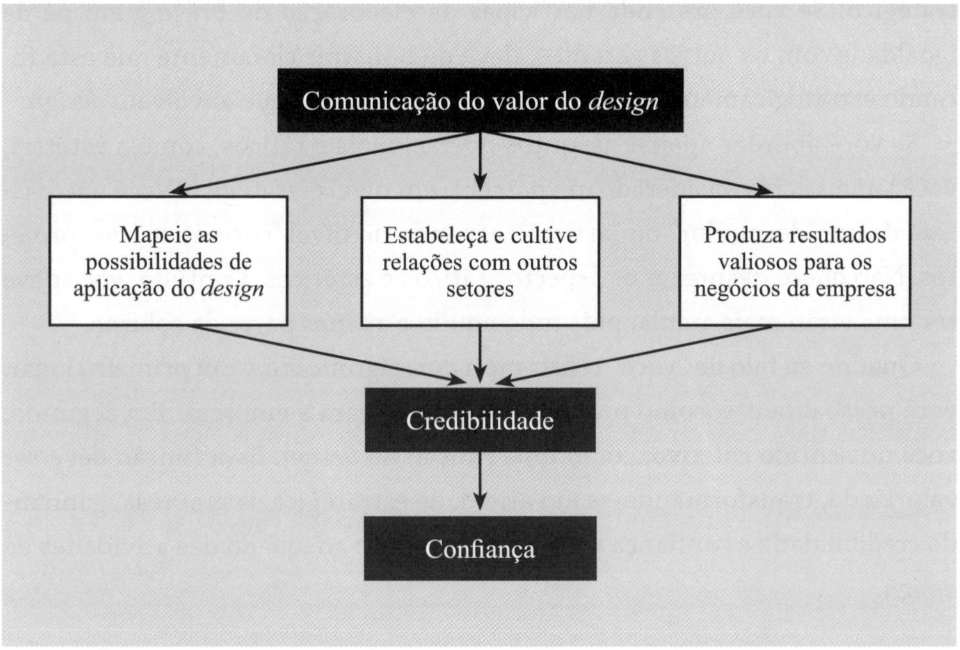

A comunicação do valor é a primeira etapa do modelo. Começa com o reconhecimento do seu próprio valor e o do *design*. Muitos de nós reconhecemos o nosso próprio valor, mas não sabemos comunicá-lo efetivamente. Nem sempre aquilo que consideramos valioso em nós mesmos tem o mesmo valor para os outros.

Naquele exercício que descrevi no início deste capítulo, envolvendo as duas transparências, as qualidades listadas na primeira delas nem sempre correspondem às expectativas dos gerentes não *designers* da empresa. Essas qualidades correspondem às habilidades normais que qualquer gerente espera de seus colaboradores. Entregar os trabalhos dentro do prazo exíguo é uma coisa evidente. Dentro do orçamento apertado, também. Fazer vários trabalhos ao mesmo tempo? Muita gente faz isso também. Ser criativo? Bem, essa é uma das razões pelas quais você foi contratado. E a lista continua com outras obviedades.

Os *designers* costumam listar apenas as atividades **táticas** que exercem diariamente. Raramente, mencionam atividades **estratégicas**. Os *designers* precisam aprender a falar a linguagem estratégica dos negócios, relacionados com os resultados desses negócios, para que possam atuar no nível mais estratégico. Se você pretende participar da elaboração do *briefing* em pé de igualdade com os outros gerentes, deve demonstrar claramente que está focando estrategicamente os resultados dos problemas que envolvem *design*.

Se você abordar apenas assuntos operacionais e táticos, como a estética, você jamais será considerado um parceiro em nível estratégico. Você não passará de um "decorador" ou "artista", atuando no nível "cosmético" dos projetos. Não quero desprezar os aspectos táticos e estéticos. Contudo, você deve ter uma visão mais ampla, pois tudo aquilo é apenas parte da solução.

Quando eu falo de "você" refiro-me a dois significados. Em primeiro lugar, você pessoalmente, como profissional valioso para a empresa. Em segundo, você no sentido coletivo, como uma função do *design*. Essa função deve ser valorizada, transformando-se em atividade estratégica da empresa, ganhando credibilidade e confiança pelo gerenciamento adequado das atividades de *design*.

REFORMULANDO GRUPOS DE *DESIGN*

Tenho um grande amigo, John Tyson, graduado em *design* industrial. Até aposentar-se recentemente, foi vice-presidente da Northern Telecom, atual

Nortel's Corporate Design Group. São raros os casos de *designers* que ascenderam à posição de vice-presidente. John Tyson conseguiu isso porque sabia comunicar o valor do *design* aos seus superiores.

A transformação da função do *design* dentro da Northern Telecom por Tyson e seu grupo é narrada no artigo "Paradoxal Leadership: A Journey with John Tyson"[1], de Artemis March, publicado no *Design Management Journal* de outono de 1994. Consegui autorização da autora para reproduzir parte desse artigo, pois considero um bom exemplo de comunicação do valor do *design*.

Trechos do artigo "Paradoxal Leadership: A Journey with John Tyson" de Artemis March.

A administração superior da Northern Telecom descobriu que o *design* não era devidamente prestigiado pela empresa. Essa função deveria ser reformulada se a Northern tivesse a pretensão de transformar-se em líder na área da comunicação digital. O Presidente do grupo chamou John Tyson, então vice-presidente de desenvolvimento do mercado, e propôs: "Estou pensando em reconduzi-lo ao seu velho grupo – para fazer algo bem grande". Tyson respondeu prontamente: "Provavelmente não será suficientemente grande".

O "velho grupo" de Tyson era o *Design* Representativo, um setor criado em 1973, alguns anos após ele mesmo ter sido contratado como primeiro *designer* na empresa. Mas ele tinha saído desse setor em 1983. Explicou que estava "cansado de falar sobre *design* e não ser ouvido. Eles não valorizam o *design*. É algo invisível".

Hoje, essa unidade foi reformulada e transformada em *Design* Corporativo. Peter Trussler foi colaborador de Tyson desde o início e é o atual dirigente dessa unidade. São dele as seguintes palavras:

Quando John entrou para a empresa, eles não sabiam como classificá-lo. Então colocaram-no como desenhista. Ele ficou muito aborrecido com isso, achando que a empresa não valorizava o design *e quase pediu demissão. Contudo, resolveu permanecer e acabou dando uma enorme contribuição. Ele era uma pessoa que aceitava os desafios e não tinha medo de riscos. Mostrava-se sempre disposto a colaborar com novas ideias. Ele era sempre chamado em épocas de crise ou quando se faziam necessárias novas ideias.*

Pode-se verificar que Tyson não era do tipo medroso e acomodado. Ele entendia bem o seu papel e conseguia comunicar claramente o valor do *design*. Outro trecho do artigo narra como ele reformulou o *design* na Northern.

Nos três meses seguintes ao retorno de Tyson ao *Design* Representativo, ele e seu gerente trabalharam em um plano de **seis passos** para reformular a função de *design*. Esse plano seria executado passo a passo.

O primeiro passo consistiu em reformular a função de *design*, transformando-a em um centro de excelência. Em segundo lugar, o grupo começou a estruturar uma política de ação. No terceiro, foi elaborada a estrutura orçamentária. No quarto, a definição do programa, e, no quinto, uma nova estrutura organizacional. O sexto e último passo foi apelidado de "pudim" – só se sente o gosto do pudim comendo-o.

Uma das palavras mais usadas nesse processo era **valor**. O grupo de *design* estava sempre pensando em seu significado e como incorporá-lo aos produtos. O que é valor? Qual é o nosso valor? Como se cria valor? O que os consumidores valorizam? O grupo discutia também bastante sobre **responsabilidades** e como o trabalho coletivo poderia ser mais produtivo. Com esse tipo de discussões, o grupo chegou ao consenso de que o *design* deveria ser convertido em centro de excelência.

Esse conceito não pode ser definido mecanicamente, mas Tyson usou uma linguagem metafórica: "Um centro de excelência resulta de um processo de convergência de responsabilidades, valores e lideranças, conjugados de forma dinâmica. Se você for um centro de excelência, terá responsabilidade de gerar valores para a empresa".

Quando ele fala em assumir responsabilidades, está pensando de forma paradoxal e dialética. Ele fala que muita gente cria valores para si mesma. Contudo, o *designer* deve gerar valores para os usuários dos produtos, que acabam transformando-se em valores para a empresa, em função do sucesso desses produtos.

O centro de excelência transformou-se em conceito muito forte para a reformulação do grupo. Tyson e seu gerente pensavam em algo conciso, que capturasse o espírito da nova organização. Conseguiram, finalmente, redigir a nova filosofia de *design*, contida em apenas uma página. Esse documento foi assinado pelo presidente, confirmando o *status* de centro de excelência e alargando as responsabilidades para o *design* corporativo de toda a empresa. Assim, tornou-se responsável pelo desenvolvimento de novos produtos, desde as etapas de definição, conceituação, especificação e projeto final. Nesse processo, deveria atuar junto ao pessoal de *marketing* e produção.

Tyson e seu grupo concentraram-se naquilo que o grupo de *design* poderia proporcionar à empresa. Eles evoluíram, a partir de simples prestadores internos de serviços, para uma postura mais propositiva, criando valores para a empresa e dando uma contribuição efetiva para que ela pudesse alcançar a liderança no setor.

Eu incluí esses trechos do artigo da Artemis March por ser uma boa descrição de como um gerente de *design* foi capaz de comunicar o valor do *design* à administração superior da empresa. Seria interessante que outros grupos de *design* pudessem "reformular" a percepção do *design* dentro de suas organizações. Isso dá trabalho, mas vale a pena.

FALANDO DE VALORES

Existe um exercício interessante para verificar como as pessoas adicionam valor aos negócios. Você pode fazer esse exercício sozinho ou com a sua equipe de *design*.

Faça uma lista dos **motivos** que levam você ou sua equipe de *design* a adicionar valores para a empresa. Liste tudo o que vier à mente, sem se preocupar com a redação, mesmo que sejam coisas aparentemente pouco relevantes. Vá colocando tudo no papel, rapidamente, sem nenhuma censura. Em geral, as pessoas conseguem organizar longas listas em pouco tempo e se admiram: "Vejam quantas coisas nós fazemos". Deixe essa lista adormecendo por um ou dois dias. Depois retome-a para examinar item por item. Para cada item, pergunte: "Esse assunto interessa aos gerentes não *designers*?" "Eles se preocupam com isso?" Se a resposta for "não", risque o item.

Eu já passei esse exercício centenas de vezes e a maioria das frases é excluída durante esse reexame. Exemplos: "Eu sou bom em tipografia", "Tenho boa memória e consigo guardar detalhes dos projetos", "Sou amistoso e de fácil relacionamento", "Sei trabalhar bem com os espaços em branco". Enfim, um conjunto de boas qualidades e boas intenções, mas pouco significativo para a empresa.

Ao traçar uma linha sobre aquilo que você mesmo escreveu, porque o assunto era irrelevante para a empresa, conseguirá visualizar aquelas coisas de que você está falando sempre, mas pouco importantes para os seus colegas não *designers*. Com isso, você terminará com uma lista bem menor.

Agora tente fazer uma **nova** lista. Dessa vez, selecione os itens que os não *designers* poderiam considerar como valores adicionados. Procure prestar atenção nas palavras usadas. Esta etapa será bem mais demorada que a primeira. A lista será menor, mas seu conteúdo será mais rico em informações sobre os valores que o *design* adiciona à empresa. Pense nos negócios – e não na estética. Que coisas o *design* pode fazer para melhorar os negócios da empresa?

Algumas das frases mais interessantes que encontrei nessa segunda rodada incluem: "Nós geramos uma grande vantagem competitiva", "Conseguimos diferenciar o produto da empresa no mercado fortemente competitivo", "O material publicitário serviu para definir a estratégia da empresa", "Conseguimos aumentar a rotação de vendas".

Esse tipo de colocações faz os gerentes não *designers* prestarem atenção. Outra declaração interessante que ouvi: "Nós somos os responsáveis pela comunicação visual de natureza estratégica no âmbito de toda a empresa, de acordo com uma resolução aprovada pela diretoria". Esse grupo parece que não está fazendo simples tarefas decorativas. Parece ser uma declaração de um grupo com visão estratégica dos negócios.

Se descobrir exatamente onde está o valor **adicionado** por você, tente fazer a mesma coisa em todas as outras situações. Alguns grupos desenvolvem "filosofias de *design*", como fez John Tyson. Adote posturas estratégicas em todas as oportunidades, nas cartas, apresentações, relatórios, reuniões, conversas diárias, e também nos *briefings* de *design*.

Nas reuniões, você frequentemente encontrará pessoas desconhecidas, que lhe perguntarão **o que** você faz. Eu faço essa mesma pergunta nas aulas. Pergunto aos alunos como eles responderiam. A primeira reação é um "humm?" Depois vem algo parecido como: "Eu faço projetos de embalagens (ou outros produtos)". Depois eles emudecem porque não sabem como continuar. Com esse tipo de reação, não se consegue demonstrar a importância estratégica do *design*. Aí eu ouço comentários do tipo: "Esses garotos não passam de artistas bem-intencionados".

Muitos profissionais de recursos humanos descrevem os **dois minutos** críticos de uma entrevista. Eles dizem que os dois minutos iniciais são decisivos para se conduzir a entrevista com um candidato. Nesse tempo, o entrevistado deve ter capacidade de comunicar-se sucintamente, apresentando as suas qualidades exclusivas. Da mesma forma, um profissional de *design* deveria aprender a comunicar o seu valor em dois minutos, mostrando os valores que você pode adicionar às operações da empresa. Isso exige alguma prática, mas pode ser muito útil para a mudança da percepção sobre *design* no mundo dos negócios. Lembre que os executivos da alta administração costumam ter a agenda cheia e dois minutos é tempo precioso para eles.

Para ter valor no mundo dos negócios, primeiro, você precisa conhecer o seu valor. Depois, precisa ter a capacidade de apresentá-lo de forma clara e simples na linguagem dos negócios. Se você não conseguir definir, para si mesmo, por que tem valor, dificilmente conseguirá comunicar isso para os outros. Você pode fazer esse exercício com o seu grupo de *design*. Reúna o grupo para cada um deles falar dos seus valores pessoais e quais valores podem acrescentar à empresa. Isso vai ser bem mais animado que as reuniões burocráticas, onde cada um fica falando sobre relatórios, sem-fim.

EXPOSIÇÃO DE *DESIGN*

Uma vez apresentei um seminário para um grupo de gerentes de *design* gráfico. Esse seminário abordou o assunto acima apresentado. Um dos participantes contou que seu grupo tinha a tradição de reunir-se antes das datas festivas, e cada um produzia um cartaz alusivo a essa data. Por exemplo, antes do Natal, cada um produzia um cartaz com motivos natalinos. Todos os trabalhos eram expostos no corredor. Esse participante disse que os empregados da empresa divertiam-se vendo os cartazes expostos. Essa era a única produção que a equipe de *design* mostrava aos demais funcionários.

Naturalmente, esse grupo não sabia que estava reforçando a ideia dos *designers* apenas como artistas, capazes de criar coisas interessantes e divertidas. Após o seminário, esse gerente enviou-me o seguinte e-mail:

> "Foi um prazer participar do seu seminário. Aprendi muitas coisas interessantes e já estou colocando-as em prática. Marquei uma reunião com o meu grupo, como você sugeriu. Uma das coisas que decidimos foi remover nossos cartazes de cunho artístico expostos no corredor. Em vez disso, resolvemos preparar *displays* com exemplos dos nossos melhores projetos, descrevendo os objetivos do negócio e destacando as contribuições do *design*. A nossa próxima mostra vai ser um exercício tipográfico contendo o nosso novo lema: 'O Grupo de *Design* acredita que o Bom *Design* é um Bom Negócio. Objetivos do Negócio + *Design* Estratégico = Ótimos Resultados nos Negócios'. Ainda planejamos expor alguns dos prêmios conquistados e estudos de caso, mostrando antes e depois dos nossos trabalhos".

Não é preciso dizer que ganhei o dia com esse e-mail. Esse grupo conseguiu mudar a imagem interna do *design*, dando-lhe uma conotação positiva como elemento essencial da estratégia de negócios da empresa. E eles estão fazendo isso de forma muito competente, com bastante visibilidade.

PAPEL DO *DESIGN* NOS NEGÓCIOS

Todos os *designers* e gerentes de *design* devem entender como o *design* pode adicionar valor aos negócios. Lembro que o *design* é uma disciplina de solução de problemas. Se ele estiver inserido em um ambiente de negócios, então deve solucionar problemas de negócios. E pode contribuir para isso, de forma bastante ampla.

Tenho um amigo que é um brilhante profissional de finanças. Ele me disse que o *design* pouco pode contribuir para a resolução dos problemas reais de negócios. Segundo ele, o *design* seria apenas um veículo, um meio para informar sobre os produtos ou serviços da empresa. Posso dizer que essa é a visão predominante no mundo dos negócios. Existem algumas empresas que conseguiram sucesso ancoradas em *design*. Um exemplo é a empresa dos cartões comemorativos, anteriormente mencionado no Capítulo 3. Contudo, são exceções.

O profissional de *design* tem a responsabilidade de mudar esse estado de coisas. Francamente, temos feito um jogo de perdedores durante muitos anos. Para mudar esse jogo precisamos, primeiro, entender o papel do *design* nos negócios.

Quais são os problemas que sua empresa está enfrentando? O que provoca insônia no presidente da empresa? Quais são os principais entraves? Aí, você deve pensar: "De que forma o *design* pode contribuir para solucionar esses problemas?"

Apresento um caso real para ilustrar. Contudo, a pedido da empresa, foram feitas algumas adaptações.

O CASO DA EMPRESA ELETRÔNICA

Harry é o gerente de *design* de um grande fabricante de produtos eletrônicos de consumo de baixos preços, como televisores, rádios, vídeos e outros. O grupo de Harry tem especialistas em *design* de produtos, *design* gráfico e embalagens, respondendo por toda a produção gráfica da empresa. Embora a produção esteja localizada em um país asiático, o mercado predominante está nos Estados Unidos.

A empresa conquistou uma fatia significativa do mercado graças aos baixos preços. Seus produtos situavam-se entre os mais baratos. Ela vendia nas grandes cadeias, como Kmart e Walmart. Embora os produtos fossem baratos, fazia *design* de forma muito competente.

Mas ocorreu uma mudança no mundo dos negócios. Houve aumento dos custos de produção e distribuição, aumento das tarifas de importação e maior exigência de retorno dos investidores. Assim, a empresa não foi capaz de manter os **baixos** preços. O presidente da empresa ficou na dúvida se esses aumentos de preços seriam aceitos pelos consumidores. Ele estava sob intensa pressão dos acionistas para manter a lucratividade e a fatia do mercado.

O presidente fez inúmeras reuniões com os seus gerentes, visando elaborar uma estratégia para reposicionar a empresa no mercado. Ele contratou uma famosa empresa de consultoria para elaborar um plano estratégico. Harry, o gerente de *design*, conhecia as aflições da empresa e sabia das reuniões de alto nível que estavam ocorrendo, mas nunca fora convidado a participar delas. Ele esperava ansiosamente pelo plano que poderia dar novas diretrizes à atuação do *design* na empresa.

Isso, infelizmente, é uma cena comum. Os *designers* ficam à margem das grandes decisões, ou ficam esperando por alguém que lhes diga o que deve ser feito. Nesse caso, Harry poderia ter adotado uma postura **pró-ativa**. Ele tinha perfeita compreensão do papel do *design* e tinha habilidade de comunicar a potencialidade do *design* ao presidente da empresa. Contudo, permaneceu sentado em seu escritório, passivamente, porque não foi convidado a participar das reuniões de alto nível.

Certamente, há muitas formas de contribuições que o *design* pode prestar à empresa. Nesse caso, está claro que todos os aspectos do *design* poderiam ser revistos. Poderiam ser realizados redesenhos dos próprios produtos, embalagens e material promocional. Com isso, seriam reduzidos os custos, sem sacrificar a participação no mercado e a margem de lucros.

Harry me contou que não se sentia preparado a participar das reuniões de alto nível. Ele se considerava um *designer*, um gerente de *design* e não um mago das finanças. Bem, você não precisa ser um mago das finanças para entender o papel do *design* nessas ocasiões de **crise**. Naturalmente, nem todos os problemas dependem apenas do *design*. *Design* pouco pode fazer para reduzir as tarifas de importação. *Design* não pode reduzir os salários e os benefícios sociais dos empregados da produção. Mas *design* pode reduzir os custos das matérias-primas, especificando-se diferentes materiais ou realizando projetos mais econômicos e racionais. *Design* pode eliminar alguns custos de embalagens e materiais promocionais. Enfim, *design* pode ter um papel fundamental para melhorar a imagem da empresa junto ao público-alvo.

Infelizmente, Harry estava tão concentrado em gerenciar a estética dos produtos, que foi incapaz de pensar mais amplamente em outras atividades do *design*. Sendo um dos gerentes de uma grande empresa, ele teria a obrigação de colocar o *design* como um dos fatores estratégicos dessa empresa.

DIFUSÃO DO *DESIGN* NA EMPRESA

Se você ainda não acredita nas potencialidades do *design*, faça o seguinte exercício. Pegue o organograma de uma empresa qualquer. Analise as funções de cada setor, sem se preocupar com os nomes dos ocupantes dos cargos. Para cada função, liste as possíveis atividades que o *design* poderia exercer. Faça isso para todas as funções. Ao terminar, você terá uma lista de coisas que o *design* poderá realizar e verá que não é pouca coisa. Isso pode acontecer em qualquer tipo de empresa.

Algumas pessoas argumentam que certos setores não necessitam de *design*. Pegue, por exemplo, o almoxarifado. Ele está bem sinalizado? É fácil de localizar os materiais armazenados? Os empregados usam uniformes? Os formulários e documentos são bem desenhados? E o serviço de alimentação? Há cardápios? A marca da empresa está impressa nos pratos e guardanapos? Bem, acho que você já entendeu. *Design* pode estar em todos os cantos da empresa.

Quero dizer apenas que o *design*, quando colocado estrategicamente, pode prestar um grande serviço às empresas. Mais uma vez, considero que o *design* pode ser prescindível à vida das empresas. Naturalmente, muitas delas podem sobreviver sem o *design*. Contudo, existem também aquelas que investem maciçamente em *design* como uma de suas principais armas competitivas.

Durante a minha carreira profissional, muitas vezes procurei gerentes de outros departamentos e pedi para participar de reuniões com o pessoal deles, a fim de explicar como o *design* poderia ajudá-los. Muitos deles estavam convencidos de que não precisavam do *design* de forma rotineira. Nessas reuniões eu falava durante dez a quinze minutos sobre os trabalhos que o *design* poderia realizar para eles e colocava-me à disposição para as eventuais colaborações. Assim, por exemplo, pude ajudar o pessoal da alimentação a imprimir corretamente a logomarca da empresa nos guardanapos. Eu não me oferecia para fazer o trabalho, propriamente. Eu simplesmente os aconselhava, encaminhando uma solução possível. Essa prática trouxe diversas consequências:

- Muita gente passou a entender como o *design* poderia ajudá-la em suas tarefas diárias.
- Melhorou a visibilidade do *design* dentro da empresa.
- Consegui transformar a profissão de *design* em uma carreira dentro da empresa.
- Consegui entender as principais atividades de cada função.
- Foi possível estabelecer alianças mutuamente proveitosas em toda a empresa.

Com isso, mesmo aqueles que não tinham nenhum problema imediato de *design*, ficaram atentos e passaram a nos chamar, quando necessário. O trânsito e a aceitação do *design* ficaram mais fáceis em toda a empresa. Por exemplo, o envolvimento de outros setores, para a elaboração de novos *briefings* ficou mais fácil e rápido, pois não precisávamos explicar novamente as funções do *design*. Enfim, deixamos de ser taxistas e nos transformamos em uma empresa de transportes.

VALIOSAS RELAÇÕES MÚTUAS

Criar relacionamentos mútuos ao longo de toda a empresa é importante para que o *design* possa transformar-se em parceiro estratégico. Contudo, tenho constatado que os gerentes de *design* não trabalham adequadamente na construção dessas parcerias. Parece que os *designers* têm dificuldade em relacionar-se **proativamente** com os outros setores da empresa.

Apresento mais um exemplo real dessa falta de comunicação. Uma grande companhia de alta tecnologia, líder no setor, incorporou uma pequena empresa, a fim de criar uma **nova** divisão e oferecer produtos inovadores no mercado. Devido a acordos contratuais, o antigo dono dessa pequena empresa foi conservado como **diretor** da nova divisão, sendo-lhe assegurada uma grande autonomia administrativa. Ele era um engenheiro brilhante e bom administrador e sabia que teria apenas um ano para demonstrar a sua competência e gerar lucros, ou seria demitido.

O diretor dessa nova divisão contratou um pequeno escritório de *design* para produzir a logomarca, embalagens, papelaria e outros itens de *design* gráfico. O dono desse escritório tinha sido colega de escola do diretor. O gerente de *design* da matriz não ficou sabendo dessa contratação, até que o trabalho ficasse pronto. Esse trabalho, realizado para a nova divisão, de forma independente, não tinha a menor coerência com o estilo da matriz. Além disso, o trabalho foi considerado de baixa qualidade.

O gerente de *design* da matriz reclamou para o chefe dele, dizendo que o trabalho realizado na filial não seria aceitável. Além disso, essas coisas não teriam acontecido se ele tivesse sido comunicado desde o início. Esse chefe explicou pacientemente ao gerente de *design*, que o diretor de nova empresa tinha feito isso na melhor das intenções. Ele tinha autonomia e deveria tomar algumas providências rápidas. Além disso, não teria nem tempo e nem verba para refazer o trabalho. Por fim, aconselhou o gerente de *design* a esquecer o assunto, considerando o trabalho como um fato consumado.

CONSTRUÇÃO DAS PARCERIAS

No atual mundo dos negócios, são muito frequentes as aquisições, fusões, acordos comerciais e alianças entre empresas. De acordo com essa tendência, pode haver também compartilhamento dos trabalhos de *design*. Há casos em que é mantido um estilo padronizado para a matriz, mas com diferenciações para cada empresa filiada. Isso tem transformado a forma de atuação do *design*.

Voltando ao nosso exemplo anterior, vimos que um engenheiro brilhante construiu bem a pequena empresa, ao ponto de chamar a atenção da empresa líder no setor. Foi feita uma oferta "irrecusável" e esse engenheiro passou de dono a diretor de divisão assalariado, subordinado à matriz. Precisando mostrar serviço a curto prazo, resolveu imprimir uma marca pessoal na divisão. A maneira mais fácil que ele encontrou foi a de contratar um *designer* para produzir uma nova apresentação visual de sua divisão.

Temendo que a matriz pudesse impor o estilo padrão da corporação à sua divisão, apressou-se em contratar o seu ex-colega *designer* para produzir o seu próprio material visual. Ele supunha que a matriz, ao ver o material já pronto, dificilmente mandaria refazê-lo. Seria pouco provável que a matriz se preocupasse com um assunto de menor relevância, quando estava buscando um retorno rápido do investimento realizado na aquisição da pequena empresa.

Nesse caso, houve uma **omissão** do gerente de *design* da matriz. Ele poderia ter sido mais proativo, procurando o diretor da nova divisão, logo após a aquisição, para explicar a política de *design* da matriz. Ele poderia ter deixado um manual para padronizar a imagem da corporação, a fim de orientar o trabalho do *designer* contratado. Ele também poderia ter apresentado sugestões e oferecido ajuda para eventuais colaborações. Contudo, o gerente perdeu a oportunidade de estabelecer essa parceria mutuamente proveitosa com o novo diretor. Tendo-se omitido, foi surpreendido com um fato consumado, que o deixou muito contrariado. Depois, foi obrigado a correr "atrás do prejuízo", tomando tempo do seu superior e provocando desgastes da sua função. Em vez de atuar positivamente na consolidação da imagem empresarial, teve que atuar como "polícia" para corrigir desvios. E, o pior: não foi bem sucedido nesse intento.

Quando discuti a função do *design* na empresa, sugeri usar o organograma para **mapear** as possíveis colaborações que se poderiam estabelecer com os diversos departamentos da empresa. Essa sugestão pode ser ampliada para o caso de grandes corporações, que englobam diversas empresas filiadas. O responsável pelo *design* da empresa-mãe poderá agendar visitas a cada uma das filiadas, a fim de explicar a política de *design*, visando estabelecer parcerias. Com isso, poderá ser construída uma imagem coerente de toda a corporação.

Como já expliquei anteriormente, uma das alianças que me ajudou muito foi com o departamento jurídico. Tudo o que fazemos hoje em *design* pode ter implicações legais, principalmente aquelas relacionadas com patentes, marcas, direitos autorais e uso de imagens. Então, é melhor atuar preventivamente, para evitar problemas posteriores.

Construir essa teia de relacionamentos exige muito tempo e dedicação. Exige paciência e tato, principalmente para ouvir as necessidades dos outros, e não apenas falar das suas potencialidades. Além disso, o gerente de *design* deve ter muita persistência até ser reconhecido como um parceiro de credibilidade e confiança, para ser consultado quando aparecerem os problemas. Só assim ele se tornará um parceiro estratégico dentro da empresa.

IMPLEMENTANDO O TRABALHO COLABORATIVO

O trabalho colaborativo significa trabalhar *com* e não trabalhar *para*. Retornando àquela analogia do taxista, apresentada no Capítulo 1, trabalhar *para* significa prestar um simples serviço. Isso seria o mesmo que levar o passageiro de um local para outro e depois esperar por outro passageiro e assim por diante. Em vez disso, se eu for um consultor em transporte, poderia trabalhar *com* o usuário, indicando o melhor meio para se fazer esse deslocamento, adequando-o às suas necessidades, tempo e dinheiro. Esse tipo de interação poderá produzir maiores benefícios para ambos.

De forma semelhante, muitos *designers* pensam que são prestadores de serviços, atuando como taxista. Ao agir dessa forma, perdem a oportunidade de se tornarem parceiros estratégicos dos negócios. Se você é um simples prestador de serviços, não terá um compromisso maior com o desempenho da empresa, como um todo. Dessa forma, a atuação do *design* terá um caráter marginal, não se colocando no **centro** das decisões da empresa.

Como quase todos os outros *designers*, eu costumava usar o termo *cliente*. Hoje prefiro chamá-los de **parceiros**. Isso não é uma mera questão semântica. Reflete uma nova filosofia de trabalho, em que o *design* atua conjuntamente com os outros setores, na busca de soluções. Todos passam a ser corresponsáveis pelos resultados.

Isso decorre de um longo caminho percorrido. Aprendemos a explicar claramente o valor do *design*, em linguagem de negócios, aos não *designers*. Procuramos mudar o entendimento sobre o *design*, não mais como decoração, mas como manifestação visual da estratégia empresarial. Atuamos proativamente, junto aos outros setores da empresa, construindo alianças sólidas e duradouras. Assim, viramos parceiros na busca da solução e não meros prestadores de serviços ocasionais.

Relacionar-se com as pessoas nem sempre é fácil. Exige autoconfiança, conhecimento e crença nos valores do *design*. Infelizmente, isso não se ensina nas escolas de *design*. Aprendemos a ser profissionais competentes, mas não sabemos como nos tornar colegas de trabalho confiáveis. Tente imaginar quem trabalha bem nesse sentido.

Os profissionais como médicos, dentistas, advogados, engenheiros e quase todos os outros se imaginam necessários, devido às suas competências profissionais. A rigor, eles prestam serviços aos seus clientes. Contudo, aqueles bem-sucedidos geralmente constroem um relacionamento mais duradouro, como no caso do médico de família, que é consultado sobre diversos problemas de saúde, e não apenas sobre uma doença específica. O mesmo deveria acontecer com a profissão de *design*. Um serviço artístico nunca será verdadeiramente valorizado no mundo dos negócios. Mas uma outra postura mais ampla, relacionada com os negócios da empresa, provavelmente será mais valorizada.

REMUNERAÇÃO DOS GRUPOS INTERNOS DE *DESIGN*

Um tema que aparece frequentemente em meus seminários é sobre remuneração dos grupos internos de *design*. É evidente que os escritórios externos devem ser remunerados, pois é assim que eles se sustentam. Contudo, haveria sentido em pagar também aos grupos internos?

Eu, pessoalmente, não concordo com essa remuneração aos grupos internos, pois isso transformaria os *designers* em meros prestadores de serviços, como na analogia com o taxista. Se um sistema desses fosse implantado, significaria que os gerentes não *designers* poderiam contratar escritórios externos, pagando a mesma coisa. Além disso, eles poderiam pensar que é mais fácil lidar com grupos externos, aos quais estão pagando.

Tive de enfrentar um problema desses apenas uma vez na minha vida. Quando fui contratado para chefiar o grupo de *design* da Digital Equipment Corporation, com cerca de cem pessoas, havia um sistema de custeio implantado desde o início da empresa. Havia uma **taxa horária** para cada pessoa do meu grupo. Essa taxa era determinada pelos respectivos custos diretos, como salários, benefícios e materiais gastos, acrescentando-se o rateio de todos os custos indiretos. Nesses custos eram incluídos itens, como gastos com energia e aluguel do espaço. Isso é mais ou menos o que faz um escritório externo para calcular os seus custos. A empresa era dividida em **centros** de custo e havia transferências contábeis de um centro para outro. Cada empregado era obrigado a conseguir um retorno de, pelo menos, 68% de seu tempo disponível, em cada semana, prestando serviços aos outros centros de custo. Sentia-me um administrador de botequim dentro de uma grande empresa.

Todos os meses era obrigado a preparar complicadas previsões de receitas e despesas para alcançar um equilíbrio financeiro do meu centro de custo. Essa burocracia me tomava muitos dias, todos os meses. Além disso, os "clientes" internos ficavam me ameaçando constantemente, dizendo que poderiam recorrer aos escritórios externos, caso o nosso trabalho não fosse executado rapidamente, como eles desejavam. Logo percebi que esse sistema de custeio não funcionava.

Se operasse a minha própria empresa de *design*, provavelmente teria de organizar um sistema de custeio como esse. Contudo, fazendo parte de uma grande empresa, não vejo necessidade para tanta burocracia. Os meus talentos seriam melhor aproveitados em atividades de *design*, propriamente, e não como contador.

As pessoas do meu grupo trabalhavam com medo, sob pressão. Eles temiam que, se não conseguissem atingir a meta exigida, poderiam ser dispensados. Como resultado, aceitavam fazer qualquer tipo de trabalho, apenas para garantir seus créditos, em horas. Eles eram obrigados também a preencher folhas diárias, justificando a ocupação de seus tempos. Semanalmente, eu deveria vistá-las.

Penso que esse tipo de sistema seja danoso, não apenas pelo tempo que consome com a burocracia, mas também pelo clima que se estabelece no grupo. As pessoas passam a mercantilizar o seu tempo, a curto prazo, e não se mostram colaborativas para desenvolver outras atividades que poderiam beneficiar a empresa a longo prazo.

Esse sistema de custeio estava implantado há muito tempo e eu sabia que seria extremamente difícil mudá-lo. Se você deparar-se com um sistema desse tipo, faça o possível para livrar-se dele. Do contrário, você não passará a ser um prestador de serviços para os outros setores da empresa. Dificilmente poderá realizar trabalhos mais significativos.

Para enfrentar esse problema, criei uma apresentação para a administração superior que começava com o tema: **o valor do *design* para a empresa**. Juntei vários exemplos de trabalhos que estávamos realizando na empresa. Enumerei os baixos benefícios que isso estava gerando. Em contraposição, mostrei as vantagens que poderiam advir de um trabalho mais cooperativo entre as várias unidades. Preparei uma análise financeira detalhada mostrando como isso seria vantajoso para a empresa. Finalmente, ganhamos a parada. Fomos transformados em uma unidade financeira dentro do orçamento da empresa. Fiquei desobrigado de elaborar extensos relatórios para demonstrar como estávamos empregando o nosso tempo. Em vez disso, passei a executar projetos pensando em como ganhar mais dinheiro para a empresa.

Os escritórios externos têm o mesmo problema. Eles precisam contabilizar cada hora gasta no projeto. Geralmente, são considerados como fornecedores de serviços e não como parceiros do negócio. Só com muito esforço conseguirão mudar essa percepção. Alguns escritórios têm atuado de forma diferente nos últimos anos. Eles fazem um contrato de risco, pelo qual recebem um percentual sobre as vendas. Se o projeto for bem-sucedido, eles ganham. Ao contrário, se fracassarem, nada ganham.

EXEMPLO DE GLOBALIZAÇÃO

Quero apresentar um exemplo de conflito de interesses em escala mundial. Clarence é gerente de *design* de uma empresa sediada nos Estado Unidos que vem se expandindo para o mercado internacional nos últimos cinco anos. O grupo de *design* da matriz, constituído inteiramente por *designers* norte-americanos, realiza quase todas as atividades de *design*, exceto os materiais de propaganda, que são executados por empresas terceirizadas.

Os gerentes regionais de *marketing* e vendas, localizados nas filiais da Europa e Ásia devem implementar os trabalhos desenvolvidos na matriz, sem questionamentos. Não há *designers* nesses outros países e eles só podem interferir nas peças de propaganda. Quando as vendas em algum país não eram satisfatórias, eram convocadas reuniões com os respectivos gerentes regionais desse país. Eles geralmente atribuíam o baixo desempenho à inadequação do material de propaganda, *design* de embalagens e material auxiliar de vendas às necessidades específicas de cada país.

O presidente da matriz não se convenceu das explicações, mas assim mesmo resolveu convidar Clarence para ouvir os argumentos dos gerentes regionais. Eles convidaram também o gerente da empresa tercerizada que elabora os materiais de propaganda. Tanto Clarence quanto o gerente da empresa terceirizada estavam convencidos de que os trabalhos por eles executados eram de bom nível e adequados. O presidente concordou que nada havia de errado com os trabalhos de *design* e apoiou tanto Clarence como o gerente da empresa contratada. Suponha que você estivesse no lugar do Clarence. Como você se prepararia para a reunião? Que tipo de argumentos usaria?

Mais uma vez, preparei um exemplo que mostra erros frequentes cometidos pelos *designers*. Nesse caso, o trabalho de *design* era apoiado pelo presidente da empresa, mas não era recebido com igual entusiasmo pelas vendas e *marketing*, principalmente de outros países. Você deveria ser valorizado por **todos** e não somente apoiado pela direção superior.

Embora o trabalho de *design* realizado na matriz da empresa fosse adequado para o mercado norte-americano, era considerado problemático pelos gerentes regionais de *marketing* e vendas. Clarence não estava trabalhando de forma colaborativa com esses gerentes regionais.

Bem, a reunião foi de confrontações. Os gerentes regionais de *marketing* e vendas vieram preparados para atacar. Clarence tinha se preparado para defender-se. Não foi uma experiência agradável para nenhuma das partes. E, tampouco, uma situação saudável para o crescimento das vendas da empresa.

Provavelmente, se Clarence tivesse atuado mais proativamente, envolvendo os gerentes regionais de vendas e *marketing*, essa reunião teria sido desnecessária. Seria recomendável um contato prévio com esses gerentes, para ouvir os argumentos deles, com a mente aberta. É provável que esses gerentes colocassem seus argumentos no terreno subjetivo da estética. Contudo, Clarence deveria conduzir a discussão mais objetivamente. Por que as soluções apresentadas não estavam funcionando? O que, exatamente, estava acontecendo? Clarence deveria estar preparado também para admitir as necessidades de diversificação da solução entre os vários países. Enfim, ele poderia estar preparado para encontrar soluções de *design* que atendessem a essas diferenças regionais.

Estou certo de que os gerentes regionais consideravam Clarence como um simples provedor de serviços decorativos, adequados apenas ao mercado norte-americano. Assim, não atenderia às necessidades específicas deles. Se Clarence tivesse consultado os gerentes regionais, provavelmente teria chegado a soluções mais efetivas. Ele teria mudado completamente o seu processo de trabalho. A lição que se extrai desse caso é a necessidade de se ouvirem **todos** os interessados, em vez de confiar exclusivamente no apoio da direção superior.

Naturalmente, isso relaciona-se diretamente com o *briefing* de *design*. Na fase de consultas, **todos** os interessados devem ser ouvidos. Mesmo que eles estejam esparsos pelo mundo, deve haver alguma forma de consulta. Na seção de objetivos dos negócios, devem ser listadas as necessidades específicas de cada região geográfica. E as soluções apresentadas devem ser adaptadas a essas necessidades específicas. Assim, a sua lista de consulta deve incluir representantes dos diversos países, como etapa fundamental na elaboração do *briefing*.

Os gerentes de *design* devem consultar todos os segmentos interessados em um determinado projeto. Se a empresa for globalizada, essa consulta deve estender-se aos vários países onde ela atua. Eu sou particularmente adepto das feiras e eventos internacionais, para manter-se informado, a custos relativamente baixos. Mesmo que estes não se refiram diretamente ao *design*, constituem-se em rica fonte de informações e oportunidades para o trabalho de *design*.

Aqueles tempos em que o *designer* se debruçava sobre a prancheta ou tela do computador para produzir soluções apenas com uso de sua cabeça estão ultrapassados. É pouco provável que você consiga criar soluções brilhantes de *design* isolando-se dentro de um estúdio. O *designer* precisa estar atento ao que acontece no mundo. Ele deve trabalhar com uma rede de informações, ouvindo tanto os colaboradores internos como os diversos segmentos do público-alvo. E isso exige muito esforço para se entenderem as necessidades tão diversificadas de povos distantes.

CREDIBILIDADE E CONFIANÇA

Você começará a adquirir credibilidade e confiança quando aprender a comunicar o valor do *design*, desenvolver habilidade de trabalhar **com** as pessoas e não somente **para** elas e, finalmente, desenvolver uma rede de contatos para realizar trabalhos colaborativos (ver Figura 1).

O conhecimento leva ao entendimento. Entendimento leva à aceitação e credibilidade. Credibilidade leva à confiança. Primeiro, os *designers* devem ter conhecimento e compreensão dos valores que o *design* pode adicionar. Com isso, conseguem aceitação para o desenvolvimento de projeto. A credibilidade resulta das soluções bem-sucedidas, que atendam aos objetivos dos negócios. A credibilidade, após algum tempo, transforma-se em confiança.

As reclamações frequentes dos *designers* resultam dessa falta de confiança. Se você é daqueles que ficam reclamando das verbas insuficientes, prazos curtos, incompreensão e exclusão das grandes decisões, deve começar a percorrer essa trilha. Não se esqueça de que a maior motivação das empresas, sejam elas lucrativas ou não, é o dinheiro. A empresa não lucrativa deve gerar receita suficiente para pagar as contas. E a empresa lucrativa desaparecerá do mapa, rapidamente, se não gerar dinheiro.

Os homens de negócios só se importarão com *design* se formos capazes de ajudá-los a atingir seus objetivos. Cabe aos profissionais de *design* demonstrar que esse também é o seu objetivo. Os não *designers* precisam entender que o *design* não se limita a fazer o "criativo" ou "bonito", mas ajuda a resolver os problemas dos negócios.

A aprovação final dos projetos de *design* geralmente é feita pelos não *designers*. Pense nisso. Você precisa ser convincente para esse pessoal que não tem formação em *design*. Eles geralmente admitem que os *designers* são competentes em produzir soluções estéticas, mas não acreditam que os *designers* possam pensar e atuar estrategicamente, apresentando soluções adequadas às necessidades dos negócios. Para que isso aconteça, os *designers* devem adquirir credibilidade e confiança dos seus colegas não *designers*. O modelo que desenvolvi ajudou-me a adquirir essa credibilidade e confiança. Espero que funcione também para você.

Capítulo 8

USO DO *BRIEFING* PARA A APROVAÇÃO DO PROJETO

Conseguir a aprovação final do projeto é uma das etapas mais difíceis de qualquer grupo de *design*. Sofri muito, no início de minha carreira, participando de reuniões para aprovação dos projetos. Cheguei a pensar que não havia outro jeito, senão enfrentar esse calvário.

Lembro-me de um professor de *design* gráfico que era muito severo. Ele era especialmente exigente na avaliação dos projetos. Mais tarde, cheguei à conclusão de que, ao fazer isso, ele estava nos preparando para a vida prática. No dia da apresentação dos projetos, cada aluno deveria colocar as suas pranchas na borda do quadro-negro. Quando todos os trabalhos estavam posicionados, ele começava a andar ao longo deles, examinando-os sem dizer uma palavra. Ele poderia deixar o trabalho onde estava ou pegá-lo para atirar ao chão. Quase todos acabavam no chão. Então, dirigia-se aos alunos para dizer: "Tudo que estiver no chão está reprovado. Se você achar que o seu trabalho não deveria estar no chão, pegue-o e coloque-o novamente na borda. Diga para mim e para toda a classe porque você não merece ser reprovado". Naturalmente, quase todos pegavam seus trabalhos e procuravam defendê-los. Quando estávamos fazendo um esforço desesperado para defender o trabalho, o professor interrompia: "Você está sendo muito sectário na defesa do seu trabalho. Coloque-o novamente no chão!"

O que ele procurava nos ensinar era que a avaliação de um trabalho de *design* não deve ser feita apenas com os critérios **intrínsecos** ao próprio *design*. Os alunos conseguiam explicar as razões das soluções apresentadas. Contudo, um trabalho de *design* não será bem-sucedido apenas porque temos uma boa explicação sobre a sua solução. Isso acontece também no mundo dos negócios. Quem aprova os projetos de *design* na empresa geralmente são os não *designers*, que não conhecem a metodologia e nem as técnicas de *design*. Portanto, baseiam-se em outros critérios **extrínsecos**. Muitas vezes, simplesmente decidem se gostam ou não da solução apresentada. É isso que aquele professor procurava nos ensinar, e demorei muito a entendê-lo.

Tive a oportunidade de proferir palestras em alguns eventos anuais de *design* HOW Magazine. Durante esse evento, uma das tardes é destinada à apresentação dos trabalhos dos estudantes. Os organizadores do evento convidavam as escolas para que os alunos do último período apresentassem seus trabalhos de diplomação. Frequentemente ficava admirado com o talento de alguns desses estudantes.

Lembro-me de um trabalho que chamou a minha atenção. Um jovem estudante, aluno de *design* gráfico, tinha preparado um grande painel de *posters* e cartazes que havia projetado. Como chamou a minha atenção, procurei aproximar-me mais. Com muita convicção, ele explicou que, primeiro, tinha colocado a sua experiência emocional; depois, adicionou elementos da tipografia de vanguarda e cores salientes. Em seguida, fez uma combinação desses elementos para criar um clima de excitação, um clímax emocional, para fazer a impressão dos cartazes.

Esse estudante simplesmente explicou, de forma dramatizada, a técnica que todos os *designers* usam quando querem criar algo chocante. Outros *designers* também teriam apreciado a sua obra. Contudo, se essa apresentação fosse feita para um diretor de *marketing* ou algum outro executivo não *designer*, provavelmente ele ficaria enrascado. Insisto que não estou querendo depreciar o talento desse estudante. Ele estava fazendo aquilo que aprendeu na escola. Nos cursos de *design*, os trabalhos são apresentados para os colegas ou professores de *design*. Esses trabalhos são analisados pelos critérios intrínsecos ao próprio *design*.

Infelizmente, isso não ocorre no mundo dos negócios. Aqueles que examinam e aprovam os trabalhos de *design* geralmente são não *designers*, que não dominam o **jargão** técnico. Então, não adianta ficar falando de coisas como grotesca, serifa, cursiva, *bold*, quadricomia ou coisas semelhantes.

Na vida profissional, precisamos aprender a apresentar os trabalhos de forma diferente. O segredo é apresentar as soluções de *design vis-à-vis* o objetivo do projeto. Assim, não se deve justificar essa solução usando apenas elementos do próprio *design*. Os *designers* devem ser capazes de demonstrar que a solução apresentada é uma resposta adequada ao objetivo do negócio. Esse objetivo é encontrado no *briefing* de *design*, e este deve ser usado como um roteiro para a apresentação do projeto.

O *BRIEFING* COMO ROTEIRO DE APRESENTAÇÃO

Se o *briefing* for bem elaborado, poderá ser usado como roteiro para a apresentação da solução do projeto, em vista de sua aprovação final.

A apresentação deve começar com o sumário executivo, fazendo-se um resumo dos seguintes pontos: título do projeto, por que o projeto foi realizado, por que foi realizado agora, qual é o público-alvo, quais são os resultados esperados e assim por diante. Nessa parte inicial, você deve demonstrar que: 1) você entendeu a natureza do projeto e as necessidades da empresa; 2) você focalizou no público-alvo; e 3) sua abordagem foi estratégica e objetiva, como se exige no mundo dos negócios.

Em seguida, pode referir-se ao *briefing*. Explicar como foi elaborado e quem colaborou na definição das diversas características e na tomada de decisões ao longo do projeto. Depois, um resumo das várias fases do projeto. Em seguida, pode-se apresentar certos detalhes, caso sejam pertinentes. Isso inclui o portfólio da empresa, análise setorial, análise das tendências, descrição do público-alvo e outros itens que constem do *briefing*. Se você não usou certos itens do *briefing* sugeridos no Capítulo 3, então não precisa apresentá-los também agora.

Quando você estiver apresentando detalhes sobre cada uma das fases, procure ser bastante claro, evitando o uso de jargões técnicos. Deve-se apresentar: o conteúdo da fase, explicar por que é crítico, quem foi envolvido, quais foram as aprovações intermediárias, quem fez essas aprovações, e os resultados dos testes com o público-alvo. Essa apresentação deve demonstrar que o projeto seguiu uma metodologia estabelecida e que determinadas opções foram feitas mediante a aprovação dos respectivos responsáveis. Os testes com o público-alvo visam avaliar a aceitação da solução pelos maiores interessados, que são os consumidores. Isso serve para demonstrar que a sua solução não resultou de uma mera inspiração de natureza decorativa.

Em seguida, apresente a solução final, justificando claramente por que ela consegue atingir os objetivos do negócio. Finalmente, descreva as etapas de implementação do projeto e as providências necessárias para isso. Apresente também os critérios de acompanhamento, destinados a avaliar o grau de sucesso ou fracasso do projeto.

PERSONALIDADE DO APROVADOR FINAL

Pode ser conveniente conhecer a personalidade e as motivações da pessoa que faz a aprovação final do projeto. Cada pessoa tem uma personalidade diferente e comporta-se de maneira peculiar. Algumas são centralizadoras, outras são perfeccionistas, têm diferentes percepções sobre os negócios e sobre o mercado, e assim por diante. Conhecer essas características pode ser importante para a preparação da apresentação final do projeto.

Alguns administradores que conheci são muito motivados em alcançar resultados. Eles orgulham-se muito das coisas que conseguiram realizar nas suas carreiras; sempre buscam o sucesso. Se eu tiver de fazer uma apresentação para uma pessoa desse tipo, devo enfatizar que o projeto permitirá uma nova realização ou conquista para a empresa.

Contudo, o tipo mais comum de personalidade que encontrei, entre os administradores de alto nível, é aquela motivada pela **estima**. Elas gostam de ser amadas por todos – empregados, superiores e consumidores. Uma apresentação para esse tipo de personalidade deve enfatizar temas como satisfação do consumidor, boas relações de trabalho, ausência de conflitos e assim por diante. Naturalmente, trata-se apenas de ênfases, mas sem omitir o objetivo dos negócios.

Assim, recomendo que você estude cuidadosamente o tipo de audiência para a qual fará a apresentação, antes de preparar o material de apresentação. Não recomendo produzir material padronizado para ser usado em qualquer tipo de apresentação. Este deve ser adaptado para cada tipo de audiência.

É importante lembrar que a pessoa ou grupo que fará a aprovação final do projeto talvez não tenha tomado conhecimento anterior do mesmo. Então, não se pode supor que conheçam algo sobre o projeto ou alguns de seus detalhes. Não se deve falar sobre *design* ou insistir nos detalhes metodológicos. Fale sobre os **resultados** do projeto e como os objetivos do negócio seriam alcançados. Não é necessário convidá-los para tecer comentários, análises ou críticas ao projeto. Jamais pergunte: "Então, gostaram?" Fazendo isso, você estará se arriscando a ouvir um sonoro "não!"

Minha experiência indica também que é muito arriscado apresentar **mais** de uma solução na reunião final de aprovação do projeto. Ao fazer isso, alguém vai dizer que gostou de certas características de uma das alternativas e outras pessoas, da outra. Vão perguntar se você pode combinar essas características em uma nova solução de *design*. No final, você vai descobrir que essa solução híbrida virou um Frankenstein, sem nenhuma coerência formal. Outro aspecto negativo é que você pode passar uma imagem de insegurança. Com isso, pode perder a confiança deles.

A aprovação final também não deve ser um concurso de beleza. *Design* é uma disciplina de solução de problemas. A estética é apenas um dos requisitos e, talvez, nem seja aquele mais importante. A solução deve ser examinada em um âmbito mais global, como resposta a um problema de negócios da empresa.

Em geral, os dirigentes superiores não acreditam que você possa entender dos negócios tanto quanto eles. Eles esperam que você domine bem os aspectos técnicos do *design*, mas são eles que decidirão se os resultados apresentados são apropriados para os negócios da empresa. Essa reputação provavelmente foi criada porque os *designers* têm apresentado as suas soluções na linguagem de *design* e não na linguagem dos negócios. Eles provavelmente nunca ouviram *designers* falando sobre os objetivos dos negócios nas reuniões. Quem aprova o projeto está preocupado basicamente em verificar se a solução apresentada será bem-aceita pelo mercado e se trará benefícios para a empresa.

Enfim, você deve preparar a apresentação final do projeto com muito cuidado, explicando os vários conceitos explorados e como foram testados com o público-alvo. Deve-se mencionar também que certas pessoas-chaves foram consultadas durante o projeto e as influências que elas tiveram nas aprovações intermediárias. Tudo isso serve para indicar o caminho percorrido e as alternativas exploradas até se chegar finalmente à solução apresentada, com aplicação de critérios objetivos.

Se eles não ficarem satisfeitos e pedirem para ver algum outro conceito que tenha sido rejeitado, peça uma semana de prazo. Nesse tempo, prepare outra apresentação, mostrando as razões da rejeição daquele conceito. Essa rejeição pode ter ocorrido durante alguma reunião intermediária de avaliação com os responsáveis pelo projeto ou ser decorrente do teste junto ao público-alvo. Dessa forma, pode-se indicar também os motivos que levaram à escolha da solução adotada.

Se você tem absoluta necessidade de falar sobre os detalhes metodológicos do *design*, só faça isso após apresentar a solução em linguagem de negócios. Se fizer o inverso, começando a apresentação com detalhes metodológicos do *design*, você correrá o risco de abrir a porta para comentários pessoais e discussões subjetivas. Portanto, fale primeiro dos objetivos do negócio. Se houver consenso sobre isso, então você poderá abordar outros temas.

Como foi mencionado no tópico anterior, deve-se incluir mais duas atividades posteriores à aprovação do projeto: a implementação e o acompanhamento. Quem aprova o projeto gostará de saber o que vai acontecer depois. Teça alguns comentários sobre as providências necessárias para a **implementação** e também sobre os critérios a serem adotados para o **acompanhamento** do projeto. Isso servirá para demonstrar o seu compromisso com o sucesso do projeto.

PROVÁVEIS OBJEÇÕES

Enquanto você estiver preparando a apresentação, pode aproveitar para pensar também nas prováveis objeções. Nos projetos de *design* gráfico, tenho encontrado dois tipos de objeções mais comuns: "Essa letra não está muito pequena?" e "Não poderia aumentar essa logomarca?" Há muitas outras que você mesmo pode acrescentar, pela sua experiência. Contudo, o mais importante é que você possa prevê-las a tempo, para que possa preparar-se para as respostas, evitando qualquer tipo de surpresa.

Uma vez desenvolvi o projeto de um **sistema de estacionamento** para uma nova empresa, que atuava em mais de quarenta países. Esse projeto era considerado de alta prioridade pelo presidente da empresa, que era do tipo minucioso e preocupado com detalhes. O primeiro requisito do projeto era garantir que pessoas de diferentes países pudessem usar **exatamente** o mesmo sistema. O presidente tinha recebido reclamações de que a empresa parecia ser diferente em cada parte do mundo, o que considerou como um problema muito grave e resolveu assumir pessoalmente a sua solução.

O presidente era do tipo motivado pela **estima**. Precisava sentir-se amado e admirado por todos. Então, chegamos à conclusão de que o novo sistema deveria ser essencialmente amigável, produzindo satisfação e prazer aos usuários de todo o mundo.

O projeto deveria apresentar uma solução única para acomodar diversas informações, como nomes, endereços, códigos postais, telefones e outras informações em todo o mundo. Constatamos que alguns países adotam nomes muito longos, diferentes sistemas de codificação dos endereços, além de outras diferenças. Descobrimos que alguns países têm leis específicas e padrões próprios para registro das pessoas, muito diferentes daqueles dos Estados Unidos. Além disso, nem todos compreendiam o inglês. Assim, todas as instruções deveriam ser bilíngues, em inglês e na língua nativa de cada país.

Juntamos todas essas informações para produzir uma única solução a ser usada globalmente. Essa solução foi testada nos vários países onde a empresa atuava. Estávamos convencidos de que a solução era boa, mas ainda faltava a aprovação final do presidente. Lembro-me de que ele era muito exigente, do tipo que reclama do tamanho das letras e da logomarca. Como faríamos a apresentação para a aprovação do projeto, depois de tanto trabalho?

Listamos alguns comentários e objeções possíveis e nos preparamos antecipadamente para responder a elas. Se surgisse a questão do tamanho das letras poderíamos dizer que a solução já tinha sido testada em vários países pelos gerentes regionais, realizando pesquisas com o público-alvo e que a receptividade tinha sido positiva em todos os casos. Contudo, não gostaria de envolver-me em discussões sobre o tamanho das letras ou tipografia, durante a sessão de apresentação, porque poderia perder.

Para a apresentação final, o segredo é conduzir a discussão mostrando como a sua proposta é adequada para a solução dos negócios. Assim, deve-se fugir das discussões sobre elementos de *design*, porque isso pode levar a muitas discussões do tipo gostei/não gostei. Mais uma vez, mostre que a sua solução **funciona**, evitando discussões subjetivas e opiniões pessoais como "bonita" ou "engraçada".

APRESENTAÇÃO FEITA POR TERCEIROS

Em algumas empresas, a apresentação final é feita por uma outra pessoa, que não tenha participado diretamente do projeto. Infelizmente, isso indica que o grupo de *design* ainda não conquistou a credibilidade e confiança necessárias para apresentar os seus próprios projetos.

Nesses casos, você deve preparar o material de apresentação e passá-lo para a pessoa que fará a apresentação. Ao fazer isso, essa pessoa poderá dizer "muito obrigado" e seguir sozinho para a apresentação. Em outros casos, ela poderá convidá-lo: "Você poderia ir comigo à apresentação"? Contudo, o melhor cenário é quando essa pessoa faz o convite para você mesmo apresentar: "O seu trabalho está maravilhoso. Por que você não vai comigo para apresentar, você mesmo, o seu trabalho?"

Na situação ideal, você mesmo deve apresentar o trabalho desenvolvido. Nenhuma outra pessoa vai conhecer tão bem o seu trabalho e falar com igual entusiasmo. A elaboração do *briefing* de forma compartilhada, envolvendo diversos parceiros igualmente responsáveis, permite-lhe argumentar que a apresentação final deveria ser realizada por alguém igualmente responsável pelo projeto. Isso contribui para mudar as tradições da empresa. Às vezes, é difícil mudar essa tradição a curto prazo. No começo, pode-se aceitar que os seus trabalhos sejam apresentados por terceiros. Mas, com o tempo, você deve ir conquistando confiança e credibilidade gradualmente, para que o próprio grupo de *design* ganhe legitimidade para apresentar os seus próprios trabalhos.

QUANDO VOCÊ NÃO SE SENTIR À VONTADE

Conheço muitos *designers* talentosos que não se sentem à vontade para colocar-se à frente de um grupo ou mesmo de apenas um diretor, para fazer apresentações. Para algumas dessas pessoas pode-se recomendar um curso de oratória para aprender a falar em público. No entanto, para outras, isso pode ser difícil. Nesses casos, recomendo a designação de uma pessoa desembaraçada para fazer a apresentação.

Contudo, o material de apresentação seria preparado pelo *designer* e só a apresentação verbal ficaria a cargo de uma pessoa mais fluente. De todo modo, o *designer* deve estar sempre presente à apresentação, para responder a perguntas e prestar esclarecimentos. Não se deve dar a impressão de que você não se responsabiliza pela solução apresentada.

RECOMENDAÇÃO FINAL SOBRE A APROVAÇÃO

Isso poderá chocá-lo, mas uma pessoa que me orientou no início de minha carreira, disse-me uma vez: "Nunca pergunte se o projeto está aprovado. Simplesmente agradeça pela atenção e a confiança depositada!" No começo, achava isso muito presunçoso. Eu não tinha confiança suficiente nas minhas qualidades para ser tão seguro, especialmente na presença do presidente da empresa.

No começo, eu hesitava em dizer coisas como: "Espero que vocês concordem de que essa é a melhor solução para os nossos objetivos de negócios". Quando consegui atingir esse ponto, achei que tinha chegado ao máximo. Nunca mais pronunciei frases como: "Nós esperamos que vocês aprovem". Muito tempo depois, criei coragem para afirmar: "Nós apreciaríamos a sua aprovação".

Aquela pessoa que me orientou no início, costumava dizer: "Quando você solicita a aprovação, ou pior, manifesta **esperança** pela aprovação, estará insinuando que a outra pessoa sabe, melhor que você, se a sua solução vai funcionar ou não. Se você tem certeza de que vai funcionar, defenda-a com veemência. Explique por que ela funciona, em termos de negócios, para que os outros possam entender".

CAPÍTULO 9

GESTÃO DE *DESIGN*

Ao longo do livro, tenho feito referências a *designers* e gerentes de *design*. Supondo que a atividade do *designer* já seja bem conhecida. Quero focalizar agora a figura do gerente de *design*.

Muitas vezes, as pessoas perguntavam-me: "O que você faz?" e ficavam surpresas quando eu respondia: "Sou gerente de *design*". Elas retrucavam: "Que bicho é isso?" Quero discutir essa questão com quem já é um gerente de *design* ou com aqueles que aspiram em sê-lo.

Em meu seminário "A Gestão do *Design* para Vantagem Estratégica", eu peço aos participantes para explicarem o que entendem por gestão de *design*. Cada um apresenta um diferente tipo de resposta. Os gerentes de *design* têm dificuldade de explicar o que fazem, até para outros gerentes de *design*. Contudo, se tivermos pretensão de nos transformarmos em parceiros estratégicos dos negócios, precisamos aprender a explicar aquilo que fazemos aos outros.

ORGANIZAÇÃO DA GESTÃO DE *DESIGN*

Earl N. Powell, presidente do Design Management Institute, abordou a gestão de *design* no artigo intitulado "A organização da gestão de *design*"[1], publicado no Design Management Journal (verão de 1998). Muitos gerentes concordam com as colocações dele. Eu tenho recomendado a leitura desse artigo nos meus seminários. Com a permissão do autor, estou reproduzindo, a seguir, o artigo completo.

Artigo de Earl N. Powell
A organização da gestão de design

Desde os anos 1980, quando ocupava um cargo de gerente de *design*, tenho pensado em descrever as suas funções. Ao escrever esse artigo, tive a oportunidade de coletar diversos papéis espalhados em meu escritório, acumulados ao longo de vinte anos como gerente de *design*. Pretendo abordar temas como a definição da gestão de *design*, seus objetivos, conhecimentos, habilidades e atitudes essenciais para o seu sucesso profissional.

O gerente de *design* pode atuar em vários setores, como *design* de moda, *design* gráfico ou *design* de máquinas. Nos últimos anos, tem-se discutido muito sobre as funções, objetivos e benefícios da gestão de *design*, atuando como um ator estratégico dentro de empresas. Há considerações também sobre o *design*, como forte arma competitiva.

Nos últimos dez anos, o Design Management Institute – DMI – tem feito pesquisas sobre a gestão de *design* e desenvolvido também materiais didáticos, organizando cursos, seminários e conferências. As publicações e estudos de caso do DMI procuram encorajar os gerentes de *design* a se tornarem líderes. Procuram também ajudar os gerentes não *designers* a entender a importância do *design* para o sucesso de seus negócios. Todas essas iniciativas têm um objetivo final: melhorar a qualidade de nossas vidas com o aperfeiçoamento dos objetos que nos cercam.

Recentemente, em uma discussão com alguns *designers* e educadores em Londres, percebi que o DMI está realizando um bom trabalho para facilitar a gestão do *design*. Nós ajudamos os gerentes de *design* a definir suas responsabilidades e delimitar o contexto onde podem ser mais efetivos. Pode-se alcançar isso de duas maneiras. Primeiro, no contexto mais amplo, da própria empresa, deve-se ter a consciência do *design* como vantagem competitiva; segundo, como profissional responsável por um grupo de projeto, ele deve ter conhecimentos, habilidades e atitudes de um líder.

Nos anos 1980, em uma reunião da diretoria do DMI, junto com os membros do seu conselho consultivo, tentamos chegar a uma definição do gerente de *design*. Digo tentamos, porque é muito difícil alcançar um consenso nessa matéria, depende do contexto em que se aplica. A definição a que chegamos foi "*a gestão de design ocupa-se do desenvolvimento, organização, planejamento e controle dos recursos relacionados ao uso humano dos produtos, comunicações e ambientes*".

Essa definição é um tanto genérica e não se aplica a todos os casos. Contudo, apresenta um contorno geral das atividades da gestão de *design*.

Com o rápido avanço tecnológico e competições mais acirradas, os produtos e serviços disponíveis tornam-se cada vez mais complexos e diversificados. Isso tudo tem impacto na nossa forma de viver, pensar e até no modo de falar. Em qualquer lugar, aspirando o perfume de uma flor ou sentindo o odor de um café fresco, começamos com a percepção. O primeiro objetivo do *design* é melhorar a percepção e, depois, a utilidade dos produtos e serviços. Assim, a gestão de *design* deve coordenar as atividades da empresa para que essas coisas possam acontecer.

Na década passada, o mundo dos negócios viu-se diante de um novo e grande desafio. Já não era suficiente produzir produtos e serviços de boa qualidade a preços razoáveis, mas estes deveriam ser também **atraentes** ao consumidor. Foi atribuída aos *designers* grande parte da responsabilidade em redesenhar produtos e serviços, além da imagem da própria empresa, de acordo com essas novas exigências dos consumidores. Esse processo acelerou-se cada vez mais e o gerente de *design* viu-se sobrecarregado, sendo pressionado a dominar conhecimentos sobre relacionamentos humanos, controle de projetos e estratégias empresariais.

Nesse novo contexto, o gerente de *design* precisou adquirir novos conhecimentos, habilidades e atitudes. Em primeiro lugar, precisou dominar novas técnicas e métodos para investigar os desejos e as percepções dos consumidores. Em segundo lugar, precisou relacionar-se mais intensamente com os outros gerentes da empresa que influenciam, de algum modo, as soluções dos problemas.

Em minha opinião, há seis categorias de conhecimentos, habilidades e atitudes importantes para o trabalho do gerente de *design*. Essas categorias entrelaçam-se entre si, com muitos pontos de interseção. Três delas são de natureza qualitativa e intangível: *objetivo, pessoas* e *presença*. As outras já são mais pragmáticas, tangíveis e mensuráveis: *processo, projeto* e *prática*. A seguir, vou detalhar cada uma delas, com recomendações de leituras para quem quiser se aprofundar em cada caso.

Objetivo: *O objetivo determina a direção e concentração da energia*

Nós admiramos as pessoas e empresas que têm um objetivo claro e firme. Esse objetivo indica onde devem ser concentradas as energias, evitando-se desperdícios. Quem tem clareza desse objetivo pode exercer melhor a liderança.

O gerente de *design* deve ter clareza sobre seus objetivos pessoais. Além disso, essa pessoa deve incorporar o objetivo do grupo sob sua liderança e dirigi-lo de modo coerente com aqueles da empresa. Esse tipo de gerente é importante para o grupo e é valorizado pela empresa.

Há uma diferença entre chefia e liderança. As pessoas chefiadas tendem a cumprir uma rotina, enquanto aquelas lideradas apresentam mais iniciativa e criatividade. Portanto, os gerentes de *design* devem exercer liderança para que o grupo possa alcançar resultados mais inovadores.

Há um velho ditado que diz: "Se você não sabe para onde vai, você não saberá quando chegou". Eu diria que se você não tiver objetivo, você não saberá quando, como ou para onde ir. Além disso, o gerente deve fazer acompanhamento e estar sempre vigilante para que as coisas caminhem na direção desejada.

Os gerentes de *design* excessivamente preocupados com a racionalidade e funcionalidade dos produtos podem perder mercado para os concorrentes igualmente funcionais, contudo, mais atrativos. Em muitos casos, a preocupação com o desenvolvimento funcional pode levar ao descuido dos aspectos estéticos.

A minha empresa trabalha em várias dimensões e múltiplos objetivos. Assim, uma decisão pode ser baseada em motivos internos e outras, nas necessidades dos consumidores. Assim, o gerente de *design* deve estar atento a essas diferentes orientações, evitando-se dispersões que poderiam comprometer a sua eficácia.

Kenneth R. Andrews, autor do livro *The Concept of Corporate Strategy*[2] apresenta um tripé, sobre o qual deve basear-se uma boa gestão. O primeiro pé é uma capacidade técnica para dotar o grupo de instrumentos e organização para melhorar a capacidade operacional do grupo. Segundo pé: uma liderança baseada na capacidade de comunicação, visão, atitude, lealdade e respeito ao grupo. Terceiro pé: a capacidade de conduzir os trabalhos na direção desejada, além da persistência para que os objetivos sejam alcançados. Esse livro deveria figurar obrigatoriamente na biblioteca de todos os gerentes de *design*.

Pessoas: *As ações e decisões das pessoas determinam o futuro*

A capacidade do gerente em manter a equipe motivada é essencial para se conseguir bons resultados. Para isso, o seu exemplo e comunicações claras são essenciais para que as tarefas certas sejam realizadas no devido tempo. Os gerentes de *design* devem conhecer os talentos e os interesses de cada membro do seu grupo. Desse modo, ele poderá atribuir as tarefas mais motivadoras a cada um. Além disso, é necessário que as capacidades e as realizações do grupo sejam reconhecidas e valorizadas pela empresa.

Outros gerentes não *designers* podem beneficiar-se também, observando como o gerente de *design* consegue estimular a capacidade criativa do seu grupo. Por exemplo, uma regra essencial para aumentar a fluidez de ideias é adiar os julgamentos para a etapa posterior. A etapa de ideação não deve ser misturada com julgamentos, pois isso inibe a capacidade criativa das pessoas. Assim, essas e outras práticas do *design* podem difundir-se dentro da empresa, produzindo resultados benéficos para todos.

Para mais detalhes sobre as técnicas para estimular a criatividade, recomendo o livro *Conceptual Blockbusting*[3], de James Adams. Ele tem apresentado conferências no DMI, além de publicar artigos no Design Management Journal. Outro livro que recomendo é o *Winning 'Em Over: A new Model for Managing in the Age do Persuasion*[4], de Jay Conger.

Presença: *A força da organização informal*

As pessoas sentem-se mais seguras quando trabalham em um ambiente que proporcione estabilidade, consistência e significado. As empresas tornam-se mais sólidas quando proporcionam esses valores aos seus empregados. Isso depende, em grande parte, da organização informal. Em todas as organizações humanas existem determinados conhecimentos e regras tácitas, também chamadas de "nosso jeito" de fazer as coisas. Essas regras não escritas são construídas no relacionamento diário dos empregados entre si e também entre elas e as chefias, amalgamando uma cultura organizacional própria em cada empresa.

O gerente que conhece essa organização informal terá mais facilidade de introduzir mudanças. Isso é particularmente importante na construção de atitudes e valores compatíveis com a atividade de *design*. Por exemplo, Steve Jobs, quando estava iniciando a Computadores Apple, desafiava os seus empregados a produzirem um computador **loucamente preferido** pelas pessoas. Isso tornou-se um lema dentro da empresa, ajudando a produzir produtos amigáveis aos usuários.

O livro *Organizational Culture and Leadership*[5], de Edgar H. Schein, apresenta uma clara explicação e análise da cultura organizacional, ilustradas com excelentes exemplos.

Processo: *A transformação das ideias em produtos*

O curso de *design* é o único que coloca o processo de geração de ideias como assunto central. Nenhum outro curso ensina o método de criação e desenvolvimento dos conceitos, de forma tão profunda. Os *designers* têm capacidade de gerar diferentes conceitos para se solucionar um problema, considerando os diversos fatores envolvidos.

Isso acontece também com o gerente de *design*, que pode colocar essa habilidade a serviço da empresa.

O livro *The Process Edge*[6], de Peter Keen, aborda muitos conceitos e processos criativos utilizados pelos *design*ers. Recomendo a leitura dele para entender o poder da criatividade para o sucesso da empresa.

Projeto: *A gestão do projeto exige conhecimento e liderança*

Os gerentes de projeto de *design* devem assumir a liderança, atribuindo tarefas e coordenando a sua execução. Para isso, eles têm um duplo desafio. De um lado, devem ter habilidades de relacionamento humano para tratar com as pessoas e, de outro, devem ter habilidades técnicas para resolver os problemas que aparecerem durante o desenvolvimento do projeto. Eles adquirem essas habilidades nos cursos de *design*.

Nesse trabalho, o gerente aprende a lidar com as normas e valores da empresa, a aplicar seus conhecimentos e relacionar-se com outros ocupantes de cargos, defendendo seus pontos de vista.

Uma boa referência sobre gerenciamento de projetos pode ser encontrada na coleção *Managing Projects and Programs,* da Harvard Business Review. Outra leitura recomendada é o livro *Project Leadership*[7], de Briner, Geddes e Hastings, que aborda questões de lideranças no projeto, nas equipes e gerenciamento de projeto por etapas.

Prática: *A prática garante o suprimento dos recursos necessários*

O gerente de *design* deve assegurar todos os recursos necessários ao seu grupo, no seu devido tempo. Para isso, é necessário dominar as técnicas de planejamento, programação e acompanhamento das atividades.

Quando fui artista plástico, além de fazer as pinturas, tinha de providenciar a compra dos materiais, agendar exposições em galerias, realizar cobranças e pagamentos, além de outras atividades administrativas que dão suporte à atividade-fim. Mais tarde, como gerente de *design*, tive de participar de reuniões sobre finanças, a fim de defender o orçamento do meu grupo. Eu, pessoalmente, nunca gostei de discutir assuntos financeiros, mas isso era essencial para que o meu grupo tivesse os recursos necessários para trabalhar. Portanto, considero importante aprender as técnicas de orçamento e finanças. Para estudar este assunto, sugiro a leitura de *Essentials of Accounting*[8], de Robert N. Anthony.

Outra habilidade importante na prática é saber conduzir as reuniões, para que sejam proveitosas. O livro *Group Power II: A Manager's Guide to Conducting Regular Meetings*[9], de William R. Daniel, apresenta diversas recomendações úteis para se organizar reuniões objetivas.

Por fim, o gerente de *design* deve adotar a boa prática de manter sua equipe sempre bem informada, pois isso é garantia de uma maior fluidez dos trabalhos. Para isso, podem ser usados diversos meios, como um quadro de avisos, e-mails e outros. Porém, nada supera a conversa pessoal e reuniões presenciais realizadas regularmente.

Repertório do gerente

Se você ocupa um cargo gerencial, talvez encontre algumas diferenças em relação ao que foi colocado aqui. Nessa área, muitas palavras são usadas como sinônimos, expressando conceitos semelhantes. Por exemplo, "estratégia" e "objetivo organizacional", "orçamento" e "recursos financeiros", "gerência operacional" e "prática gerencial". Quaisquer que sejam essas palavras, expressam conceitos muito importantes para a gerência do *design*. Naturalmente, cada um pode construir um repertório próprio, baseando-se nas experiências pessoais. Contudo, o mais importante é que esses conceitos, expressando métodos e técnicas de gerenciamento, sejam dominados e aplicados pelo gerente de *design*.

DEPOIMENTOS DE GERENTES DE *DESIGN* BEM-SUCEDIDOS

Ao longo dos anos, felizmente consegui construir uma grande rede de colegas que atuam na gestão de *design*. Conheci muitos deles pela minha atuação de vinte anos no Design Management Institute. Outros, durante as minhas atividades de consultoria e como executivo de empresas. Solicitei o depoimento de muitos deles para um artigo sobre os objetivos e importância da gestão de *design*, publicado no Design Management Jornal[10]. A seguir, apresento uma seleção desses depoimentos:

– Tim Bachman, Diretor da Bachman Design Group

"A gestão de *design* articula as comunicações implícitas e explícitas que refletem os valores da empresa. Com isso, interpreta e expressa os objetivos de negócios da empresa. A gestão de *design* não é apenas um departamento ou instância administrativa. É um recurso estratégico e um poderoso processo organizacional. As empresas podem beneficiar-se com a gestão de *design* porque ela produz uma contínua atividade reformadora da cultura empresarial. Com isso, ela se capacita a enfrentar melhor a competição e a absorver os novos avanços tecnológicos".

– Torsten Dahlin, Presidente da Fundação Sueca de Desenho Industrial

"O gerente de *design*, como profissional, propõe e coordena as atividades de *design* na empresa, com uma visão estratégica, participando das decisões de alto nível. Ele se empenha, para criar reconhecimento e valorização do *design* em todos os níveis da empresa. A gestão de *design* pode ocupar diversas posições na empresa. Contudo, em qualquer uma delas, sempre está envolvido com decisões sobre qualidade do produto e atendimento às necessidades dos consumidores, abrangendo a organização, produtos e pessoal".

– Lizbeth Dobbins, Gerente de Marcas e Identidade do Serviço Postal dos EUA

"Eu coordeno *design* realizando ações táticas e estratégicas. Por sua vez, estas são baseadas no plano estratégico da empresa. Se esse plano sofrer mudanças, precisaremos adaptar também as nossas atividades de *design*. Nosso trabalho é direcionado pela visão do futuro. *Design* capta as políticas da alta administração e ajuda a transformá-las em conceitos e produtos reais, possibilitando a sua implementação. Assim, penso que o gerente de *design* é um líder visionário".

– Patrick Fricke, Gerente de Design Gráfico e de Interfaces da Eastman Kodak

"Os gerentes de *design* relacionam-se com a estratégia de *marketing* e também com a engenharia. Eles agregam valores tangíveis e intangíveis à empresa. E a empresa tem consciência disso. A gestão de *design* contribui para definir os perfis dos consumidores e os valores a serem adicionados aos produtos e serviços, a fim de incrementar os negócios da empresa. Essas informações são transformadas em formas, cores, texturas e outros aspectos visuais do produto. As atividades de *design* influem na identidade corporativa e afetam as operações do dia a dia, sendo consistentes com os objetivos estratégicos da empresa. Um grupo ativo de *design* dentro da empresa gera inquietações em todos os setores, ajudando a manter um ambiente criativo e receptivo às inovações".

– Martin Gierke, Gerente de Marcas da Caterpillar

"A gestão de *design* encarrega-se de produzir os materiais 2D e 3D relacionados com as metas estratégicas da empresa. As suas operações do dia a dia permitem materializar essas metas, promovendo a ligação entre a visão e a prática, contribuindo para construir a identidade corporativa da empresa".

– Tim Girvin, Diretor da Tim Girvin Design

"*Design*, etimologicamente significa 'traçar' – a maneira de uma empresa expressar sua ideologia, cultura, produtos e serviços. Esse conjunto deve constituir-se em uma mensagem consistente e clara, em todas as formas de expressão. Essa mensagem coerente facilita e reforça as funções estratégicas da empresa, como *marketing*, vendas e operações. Embora o termo gestão esteja associado a operações táticas, no caso do *design*, implica em liderança. Essa liderança define a visão e as direções possíveis para o futuro".

– Fennemiek Gommer, Sócio da SCAN Management Consultants

"Muitas empresas compartilham o mesmo desejo: serem percebidas como diferentes e melhores que seus competidores. A gestão de *design* pode ser descrita como criadora da imagem visual da empresa. Assim, trabalha para que essa imagem seja consistente, distinta e relevante, tanto para o público interno como externo à empresa. Ela é responsável pelo projeto, implementação, manutenção e avaliações contínuas de todos os itens que compõem a marca da empresa, desde um folheto até uniformes de serviço".

– Tetsuyuki Hirano, Presidente da Hirano & Associados.

"Em termos ideais, gestão de *design* é uma atividade holística, comprometida com as atividades de longo prazo, relacionando-se com todas as funções da empresa. Isso inclui produtos, serviços, comunicações e ambientes, considerados como componentes de um sistema. Nós usamos os conceitos de 'ponte' e de 'rede' para expressar a conectividade de todos esses fatores estratégicos. Isso se aplica à realização dos projetos, do início ao fim, e todas as demais atividades de *design*. Quando a empresa aplica o *design* nas suas atividades do dia a dia, adquire maior sensibilidade para identificar e responder às novas oportunidades de mercado".

– Tim Larsen, Presidente da Larsen Design + Interactive

"A gestão de *design* tem a responsabilidade de transformar a imagem visual da empresa em poderoso instrumento para comunicar, motivar e inspirar. Isso contribui para gerar valor e reduzir custos. Ao criar um sistema que possa representar a imagem da empresa a longo prazo, pode-se contribuir para a consolidação dessa imagem e reduzir os custos de *marketing*. A gestão de *design* trabalha não apenas com as questões materiais, mas também com a mentalidade e criação de atitudes. Quando a empresa quer destacar-se no mercado, muitas vezes deve recorrer às suas atitudes. Para isso deve transmitir certas emoções como amizade, calor, profissionalismo, ética e responsabilidade social, através de suas mensagens".

– Peter Trussler, Vice-presidente de Design da Empresa Nortel

"A gestão de *design* faz a intermediação entre a estratégia da empresa e os consumidores. Isso pressupõe uma clara definição da missão, objetivos, estratégias e prioridades da empresa, em relação aos seus clientes. O gerente de *design* procura canalizar as energias da empresa para a execução dos seus programas estratégicos e ações prioritárias. Ao fazer isso, todos os empregados da empresa sentirão orgulho em contribuir para alcançar os objetivos organizacionais. Para isso, o responsável pela gestão de *design* deve ter uma ampla compreensão dos valores e expectativas da empresa. Sua atuação deve concentrar-se nos públicos interno e externo, além de fazer acompanhamento dos resultados. Deve trabalhar para obter os recursos humanos, materiais e financeiros para que seu grupo possa atingir os resultados previstos".

– Raymond Turner, Diretor da BAA PLC

"*Design* é um elemento essencial para que a empresa possa cumprir a sua missão. Isso significa adicionar os valores desejados pelos consumidores aos produtos e serviços da empresa. Em termos práticos, significa definir o que os consumidores desejam e aquilo que a empresa pode oferecer. Depois, desenvolver os procedimentos para satisfazer a esses dois objetivos".

Bem, aí estão depoimentos de alguns líderes em gestão de *design* de diversos países. O que se pode concluir disso?

Como se pode ver, não há uma unanimidade sobre a definição das funções do gerente de *design*. Contudo, todos concordam em que ele tem participação importante na construção da visão, estratégia e vantagens competitivas da empresa. Claramente, sua função vai além da simples coordenação de projetos.

O gerente de *design* deve ter uma ampla visão da estratégia da empresa, do contexto em que ela atua e do perfil dos consumidores que pretende atender. Tudo isso é importante para se construir uma imagem diferenciada, destacando-se entre os concorrentes. Os bons gerentes de *design* são capazes de transformar as necessidades e desejos dos consumidores em aquilo que a empresa pode oferecer.

É interessante notar também a concordância deles quanto às atividades da gestão de *design*. Estas não se restringem à estética, mas preocupam-se com os resultados e consequências do *design*, de uma forma mais ampla. Os gerentes bem-sucedidos ocupam-se também do recrutamento de profissionais talentosos. Geralmente, esses profissionais são aqueles que compreendem claramente o problema a ser resolvido, bem como os resultados esperados do projeto.

O processo de elaboração do *briefing*, apresentado neste livro, ajuda o gerente de *design* a organizar suas ideias e a comunicá-las aos membros de seu grupo, bem como ao resto da empresa. Faça uma revisão dos elementos do *briefing* de *design* apresentado no Capítulo 3. Depois, compare com os depoimentos apresentados pelos gerentes de *design*. Você verá que há uma concordância quanto aos elementos essenciais e necessários à compreensão do problema a ser resolvido. Por seu turno, isso leva à escolha da estratégia de *design* mais adequada ao projeto, em consonância com os objetivos dos negócios.

Eu gostaria que você aplicasse esses depoimentos apresentados pelos gerentes de *design* ao meu modelo para criação de valor (ver Figura 1). Nota-se que todos enfatizam a necessidade de entender o papel do *design* nos negócios, a valorização do *design*, o desenvolvimento de um bom relacionamento com todos os setores da empresa e o trabalho colaborativo com as pessoas.

Invariavelmente, as pessoas que conseguem atingir liderança na profissão de *design* são aquelas que conseguem explicar claramente o valor do *design* e a ligação deste com as estratégias empresariais.

COMO SE DEVE PROCEDER

Earl Powell, no artigo reproduzido neste Capítulo, apresentou as seis categorias essenciais ao trabalho de um gerente de *design*. Ele também fez uma indicação bibliográfica para um estudo mais aprofundado delas. Esse pode ser um bom guia para quem pensa em tornar-se um profissional importante e estratégico em qualquer tipo de empresa.

Se me perguntassem por que me considero um gerente de *design*, responderia da seguinte forma: "Eu sou um parceiro importante e um elemento-chave na formulação da visão e da estratégia de negócios da empresa, aumentando a visibilidade dos seus produtos e serviços pela aplicação do *design*".

Capítulo 10

AVALIAÇÃO DOS RESULTADOS

O problema da avaliação dos resultados dos projetos de *design* tem perseguido os profissionais desta área, há muito tempo. Em todos os meus seminários, sempre há alguém levantando a seguinte questão: "Minha empresa sempre quer saber se o trabalho de *design* foi bem-sucedido. Eles querem dados financeiros para mostrar que houve um retorno dos investimentos. Não há meios de se fazer isso".

Na minha opinião, esse dilema tem origem na concepção do *design* como um assunto estético ou decorativo, tanto pelos próprios *designers*, como pelos seus parceiros não *designers*. Naturalmente, você não poderá mensurar algo tão subjetivo. Infelizmente, esse tipo de conceito ainda é predominante em muitos lugares. Devido a isso, a função de *design* ainda é qualificada, muitas vezes, como um "mal necessário".

A única forma de mensurar o *design* é pela **comparação** entre os resultados obtidos e aqueles previstos no projeto. E isso só se torna possível se houver uma clara definição prévia dos objetivos do projeto, durante a elaboração do *briefing*. Grande parte dos equívocos decorre do esquecimento ou negligência em definir os objetivos reais do projeto, limitando-se apenas a respostas superficiais ou cosméticas.

Outro dia vi uma caricatura em um jornal, mostrando um gerente de *design* dizendo: "Veja o prêmio de *design* que ganhamos pelo belo projeto deste produto". O diretor da empresa responde: "Mas o produto não está vendendo e os nossos concorrentes estão nos varrendo do mapa". O gerente de *design* replica: "Em quem você prefere acreditar? No júri de *design* que nos concedeu o prêmio de excelência, ou nos consumidores que não sabem apreciar um belo produto?" Isso mostra o descompasso frequentemente existente entre o trabalho dos *designers* e os objetivos da empresa.

BOM *DESIGN VERSUS DESIGN* EFETIVO

Os prêmios de *design* são muito apreciados pelos próprios *designers* e seus patrocinadores, mas não devem ser o único critério para avaliar os projetos. Muitas vezes, esses produtos premiados não se mostram **efetivos** para atingir os objetivos pretendidos, especialmente em termos empresariais.

Conheço um produto (a empresa não me autorizou a divulgar o seu nome) que é muito citado como exemplo de uma excelente solução de *design*. De fato, esse produto figura em quase todos os museus do mundo e sua foto é estampada em muitos livros de *design* de produtos. Falando francamente, tem uma bela estética e ganhou muitos prêmios de *design*. Então, qual é o problema? O produto simplesmente **não** se vende. Os consumidores não se mostram dispostos a comprá-lo. Certamente é muito belo, mas sem praticidade, na opinião desses consumidores.

Esse produto custou quase um milhão de dólares para ser desenvolvido. Enquanto os profissionais de *design* maravilham-se com sua elegância e beleza, os executivos não *designers* da empresa consideram-no como um grande desperdício de tempo e dinheiro. Esses executivos podem até admitir a bela solução de *design*, mas não deixam de considerá-lo como um péssimo negócio. Eles até pensaram em demitir o *designer* responsável pelo projeto, mas não o fizeram.

A lição que se tira desse caso é o que tenho repetido diversas vezes. O *design*, para ser valorizado no mundo dos negócios, não basta produzir beleza. Deve oferecer **soluções efetivas** aos problemas formulados e contribuir para alcançar os objetivos dos negócios. Essa é a única forma de o *design* conseguir reconhecimento e valorização por parte dos gerentes não *designers*.

Estes devem considerar o *design* como um parceiro confiável na busca dos objetivos estratégicos da empresa. Assim, os trabalhos de *design* poderão tornar-se mensuráveis.

Por outro lado, o *design* não deve se descuidar da criação das melhores soluções visuais. Estas devem ser sempre elegantes e excitantes, atraindo a atenção do consumidor. Isso significa apenas que, na busca dessas soluções fabulosas, nunca se deve esquecer que elas destinam-se também a resolver problemas de negócios.

Os resultados de algumas soluções de *design* são facilmente mensuráveis. O *design* de produtos talvez seja mais fácil quantificar, medindo-se o volume de vendas. O *design* de embalagens pode ser avaliado de forma semelhante, pelo aumento das vendas. Em outros casos, como no projeto de uma sinalização pública, esses critérios não ficam tão evidentes.

Em casos de sucesso, os profissionais de *marketing*, vendas e propaganda também podem reivindicar a "paternidade". Mas os *designers* precisam ser reconhecidos pelo seu mérito. Como se faz isso? Com uma pesquisa junto ao público-alvo. Eu repito isso sempre: as soluções de *design* precisam ser testadas com o público-alvo. Esses testes são fundamentais para confirmar se a solução de *design* é realmente efetiva e isso pode ser creditado ao trabalho dos *designers*. As agências de propaganda fazem esse tipo de pesquisa rotineiramente. Elas costumam ter todos os dados necessários para comprovar o efeito de uma campanha publicitária. Elas sempre falam em coisas como alcance, frequência, índice de audiência, fixação e lembrança. Os *designers* precisam aprender a fazer coisas semelhantes, para que possam justificar os seus trabalhos.

Os trabalhos de *design* gráfico geralmente são mais difíceis de serem quantificados. Como se pode medir a contribuição de um folheto ou catálogo para o incremento das vendas? Aqui também é preciso recorrer aos objetivos dos negócios, consultando-se o *briefing* de *design*. Será que a metodologia de *design* adotada foi adequada para se alcançar esses objetivos? Em caso positivo, a solução será efetiva. Do contrário, a solução apresentada não estará adequada. Talvez a solução do *design*, em si, esteja boa, mas devido a uma abordagem equivocada, não tenha produzido os resultados desejados.

Você se lembra daquele exemplo do sistema mundial de estacionamento apresentado no Capítulo 8? Um dos requisitos do projeto exigia que as diversas unidades operacionais, em vários países, usassem exatamente o mesmo sistema. O presidente da empresa exigiu que os consumidores jamais confundissem a sua marca. Como se avaliou isso? Um único sistema global foi projetado, testado com os públicos-alvo de diversos países e, finalmente, implementado. Os usuários pararam de reclamar que estavam confusos. Assim, a solução apresentada cumpriu os seus objetivos de negócios. Não importa se ganhou ou não um prêmio de *design*. O que conta é a sua aceitação em todos os países onde a empresa opera, cumprindo os objetivos do projeto. Naturalmente, seria ótimo que isso se aliasse a um bom *design*. Você deve sempre perseguir um *design* atraente, contanto que funcione e cumpra os seus objetivos.

Logo após implantar o sistema em todo o mundo, recebi um telefonema desagradável de um vendedor. Esse senhor reclamou que tudo estava errado e que os consumidores detestavam a nossa solução. Respondi-lhe que essa era uma informação importante. Pedi para ele me dar os nomes dos consumidores que tinham detestado a solução. Naturalmente, ele não tinha nenhum nome. Em contrapartida, ofereci-lhe uma relação dos consumidores que tínhamos consultado em diversos países e tinham-se manifestado favoravelmente. O vendedor simplesmente desligou o telefone e nunca mais ouvi falar dele.

Moral da história: sempre haverá gente emitindo opiniões subjetivas sobre o seu trabalho, dizendo se gosta ou não dele. Para isso, você deve estar preparado com argumentos objetivos. E o melhor meio é apresentar resultados de pesquisas realizadas com o público-alvo.

AVALIAÇÃO DOS RESULTADOS FINANCEIROS

Como se avalia o investimento financeiro realizado no projeto? As despesas com o projeto devem situar-se próximas do orçamento previsto e os resultados devem ser compensadores, produzindo retorno do investimento. Mais uma vez, isso é analisado em comparação com o *briefing*. Lembre-se de que a discussão inicial sobre o *briefing* incluiu as seguintes perguntas: Por que estamos fazendo isso? Por que agora? Qual é o prazo disponível? Qual é o orçamento disponível?

Posteriormente, durante o processo de descrição das fases, os responsáveis poderão discutir o prazo e orçamento de cada fase. Quando todos estiverem de acordo, e nunca antes, o trabalho de *design* poderá ser iniciado. Os critérios de avaliação do projeto são definidos no próprio *briefing*. Os objetivos foram alcançados dentro do prazo e orçamento previstos? O público-alvo manifesta-se favoravelmente?

A avaliação de um projeto de *design* pode ser um processo bem definido, desde que os objetivos e critérios sejam claramente estabelecidos durante a elaboração do *briefing*. Todos esses critérios devem estar referenciados em termos de negócios da empresa. Eles jamais devem contemplar perguntas do tipo: "Ficou bonito?"

FASE DE AVALIAÇÃO

A última fase do *briefing* de *design* deve incluir os critérios para avaliar os resultados do projeto. Esses critérios devem ser baseados em variáveis objetivas, como prazos, orçamentos e grau de aceitação do público-alvo. Fazendo-se isso, pode-se evitar opiniões pessoais sobre o seu projeto. Esse tipo de opiniões é mais conveniente para as artes, mas nunca para o *design*.

Capítulo 11

EXEMPLO DE UM *BRIEFING* DE *DESIGN*

Todas as vezes que apresento o seminário sobre *briefing* de *design* pelo DMI, invariavelmente, alguém pergunta se posso mostrar uma fórmula perfeita para o *briefing*. Minha resposta, invariavelmente, é: "Infelizmente, não". Há muitas razões para isso. Primeira, não existe nenhuma fórmula pronta para se produzir um *briefing* perfeito. O *briefing* é elaborado de forma participativa, com diversos tipos de negociações e ajustes entre os participantes para cada projeto específico. Portanto, pode assumir feições diversas, de acordo com o andamento desse processo.

A segunda razão é que, se houvesse um exemplo real desse *briefing* perfeito, provavelmente o seu autor não permitiria que fosse publicado em um livro ou distribuído durante um seminário. Um bom *briefing* pode conter diversas informações confidenciais, tais como estratégia da empresa, resultados de pesquisas com consumidores e planos futuros. As empresas, em geral, não permitem que esse tipo de informações seja divulgado. Assim, os *briefings* de *design* também são considerados altamente confidenciais.

Embora tenha participado da elaboração de centenas de *briefings*, as empresas interessadas geralmente exigem cláusulas de confidencialidade. Isso significa que não posso divulgar os conteúdos desses documentos fora dessas empresas. O que posso fazer é apresentar um *briefing* fictício para uma empresa imaginária, apenas a título ilustrativo.

Para elaborar esse exemplo, usei como ponto de partida o caso real de uma empresa descrita no Capítulo 3. Trata-se de um problema típico, existente em muitas empresas. A partir desse ponto, tudo o mais é fictício. Supõe-se também que esse documento seja um primeiro rascunho para ser apresentado e discutido pela equipe responsável pela elaboração do *briefing*. Essa equipe provavelmente fará mudanças, incluindo ou excluindo matérias, além de reformular a redação de alguns tópicos. Mais uma vez, considere o exemplo apenas como um ponto de partida para a elaboração de um *briefing*.

Escolhi, também, uma forma descritiva de redação, por ser a minha preferida. Ressalto que você poderá escolher qualquer outro formato, de acordo com a sua preferência ou cultura da empresa. O importante é usar termos claros tanto para você como para a empresa.

Exemplo de um briefing de design
Redesenho completo do portfólio da empresa ACME

SUMÁRIO EXECUTIVO

O portfólio atual da nossa Empresa ACME apresenta diversos tratamentos visuais, criados ao longo dos anos, de acordo com vários objetivos e estratégias de negócios vigentes em cada época. Em consequência, esse portfólio carece de clareza e coerência visual. Isso provoca confusão ao nosso público-alvo, sendo difícil identificar a nossa marca no mercado globalizado. Há urgente necessidade de se estabelecer um padrão de *design* comum para toda a empresa e redesenhar todo o portfólio. Esse padrão deverá ser adotado nos futuros produtos a serem lançados pela empresa. Esse trabalho poderá proporcionar maior clareza, coerência, vantagem competitiva e maior participação no mercado.

O padrão de *design* a ser elaborado deverá incorporar os elementos da marca de nossa empresa, apresentar uma coerência visual em todas as aplicações e permitir uma clara distinção dos diferentes produtos.

Para a execução mais eficiente deste projeto, deverão ser cumpridas oito fases:

Fase 1	Realizar uma análise visual completa do atual portfólio da empresa, bem como dos portfólios visuais dos três principais competidores;
Fase 2	Desenvolver, no máximo, seis conceitos iniciais de *design*, de acordo com os objetivos do projeto;
Fase 3	Testar todos os conceitos iniciais com o público-alvo;
Fase 4	Selecionar os três melhores conceitos iniciais e refiná-los e testar novamente esses três conceitos com o público-alvo;
Fase 5	Selecionar o conceito final, desenvolvê-lo completamente e fazer o teste final com o público-alvo;
Fase 6	Preparar material para apresentação e aprovação;
Fase 7	Implantar a solução aprovada;
Fase 8	Desenvolver um sistema de avaliação.

O projeto deverá ser concluído até (data). O orçamento previsto para o projeto é de (valor monetário).

Os responsáveis pelo projeto serão o Sr. (nome), Vice-presidente de Marketing e Sr. (nome), Diretor de Design.

A equipe de elaboração do briefing de design é constituída por: (lista de nomes e cargos de cada membro da equipe)

Nota: Em relação ao exemplo apresentado no Capítulo 3, acrescentei mais duas fases. Como já mencionado, esta seção é usada como sumário executivo.

ANÁLISE SETORIAL

O setor em que a empresa atua movimenta 60 bilhões de dólares anuais em todo o mundo. Embora existam mais de 125 marcas concorrentes, apenas quatro delas são consideradas líderes do mercado. Essas quatro marcas respondem por 65% do mercado total. Nos últimos anos, o mercado tem crescido continuamente, tendo dobrado na última década. Para atender a essa crescente demanda, surgiram mais de 30 novas empresas concorrentes nessa década.

A Marca X é a atual líder no mercado mundial, com participação de 25,5%. Ela foi a terceira empresa a entrar nesse ramo, desde que o mesmo surgiu, há 47 anos. Nos últimos sete anos adquiriu duas outras marcas mais antigas no mercado, tornando-se líder. Ela conseguiu a liderança por ser uma das marcas mais antigas, por ter um sistema mundial de distribuição, e por ser uma marca muito conhecida do público-alvo. A Marca Y é a segunda maior concorrente, respondendo por 15,5% do mercado mundial; atingiu essa posição devido ao *marketing* e técnicas de promoção muito agressivas e realiza campanhas promocionais, concedendo descontos em todo o mundo. Com essas ofertas, seus produtos parecem ter preços menores que os dos concorrentes.

A nossa empresa vem em terceiro lugar, tendo participação de 12% no mercado com a Marca Z. Essa marca está no mercado há 28 anos, sendo mais antiga que a Marca Y, que tem 20 anos. A empresa ACME utiliza uma só estratégia para todos os produtos da Marca Z. Essa marca não é utilizada em nenhum outro produto da empresa. Os consumidores consideram que os nossos produtos têm preços competitivos. Além disso, têm uma boa distribuição em nível mundial, com presença garantida nas lojas de descontos.

Nossa Empresa ACME existe há 60 anos. Ela é de capital aberto, sendo dirigida por uma diretoria eleita pelos acionistas. As suas ações subiram até $93,00 no ano passado e atualmente são cotadas em $57,00. A empresa alcançou a terceira posição no mercado, devido ao *marketing* e propaganda agressivos, focalizando na qualidade superior e profissionalismo dos nossos produtos. Ela não tem oferecido grandes descontos nos pontos de venda; seus preços acompanham aqueles das Marcas X e Y.

As posições relativas dos principais competidores estão mais ou menos estáveis nos últimos 10 anos. Algumas empresas menores são mais fortes regionalmente, não competindo no mercado global.

A demanda pelos produtos cresceu rapidamente durante quase 20 anos. Contudo, observa-se uma pequena tendência de saturação e queda. Isso se deve à recessão econômica em vários países e a mudança dos hábitos de consumo.

Os analistas econômicos preveem que muitas empresas desaparecerão nos próximos cinco anos. Algumas delas serão incorporadas por uma das três líderes atuais, enquanto outras simplesmente deixarão de operar. Segundo esses analistas, o mercado será ocupado por 12 marcas, no máximo.

Portanto, nesse momento, a ACME deve esforçar-se para continuar sendo uma das quatro líderes, reforçando sua presença no mercado pela fixação de sua marca e introdução de melhorias no produto.

Nota: *Há uma clara indicação de que esta seção foi produzida pelo grupo de pesquisa de mercado ou pelo setor de marketing da empresa. Cabe a pergunta: Por que a análise setorial é importante para os designers? Primeiro, porque ajuda a compreender o que aconteceu e o que está acontecendo agora no setor. Um ponto importante é a informação sobre a dimensão do mercado – 60 bilhões de dólares. Isso significa que os produtos desse setor são largamente consumidos no mundo inteiro, tendo uma grande visibilidade no mercado.*

A informação sobre a existência de 125 marcas concorrentes indica a necessidade de destacar-se no mercado. O design deve ser atraente e saliente, a fim de diferenciar-se dos concorrentes. Contudo, a análise informa que há apenas quatro grandes empresas no setor, sendo que a ACME ocupa o terceiro lugar. Isso indica que se deve estudar principalmente essas quatro marcas, fazendo-se uma cuidadosa análise visual delas.

Também é importante para os designers saber que o setor existe há quase meio século. A empresa líder atua há 47 anos. Isso significa que já existe uma tradição no mercado, com algumas marcas bem estabelecidas. Dessa forma, não será fácil produzir uma imagem completamente nova, sem correr o risco de produzir perigosas rupturas com os consumidores tradicionais. A ACME também tem esse problema. Ela está no mercado há 28 anos e a sua marca tem uma imagem forte. Traduzindo, isso significa que se deve tomar cuidado, para não se afastar em demasia da atual identidade.

Outra informação a ser considerada são as dezenas de concorrentes menores, relativamente novos e não tão conhecidos como as líderes. Essas empresas menores têm mais liberdade de apresentar-se com imagens modernas, inovadoras e até de forma "experimental".

Sabemos também que a primeira colocada na liderança tem adotado práticas muito agressivas no mercado. Ela tem adquirido outras empresas para eliminar a concorrência e está sempre oferecendo descontos. Isso significa que procura conservar a sua posição no mercado, praticando menores preços. O seu sistema de distribuição é muito eficiente. Os consumidores podem encontrar seus produtos em qualquer lugar.

A ACME adotou a estratégia de enfatizar a sua qualidade superior, em vez de oferecer menores preços. Esse ponto é crucial para o trabalho dos designers. O design do novo portfólio deve conter a mensagem dessa "qualidade superior".

Finalmente, há uma saturação do mercado. Parece que não há mais lugares para novas marcas. Ao contrário, algumas das marcas atuais poderão desaparecer nos próximos anos. A ACME tem todas as condições para sobreviver. Então, devem ser produzidos alguns conceitos de design mais duráveis no tempo. Enquanto as novas empresas podem adotar tendências contemporâneas com mais liberdade de criação, a ACME não poderá se sujeitar a modismos passageiros. A ACME não deve correr o risco de encontrar alguém, em 2015, que diga que tem uma imagem de 2003, ou que tenha uma imagem antiquada. Por outro lado, a ACME pretende atualizar a sua imagem, mas sem perder a característica de um produto tradicional, há muito tempo no mercado. Portanto, deverá renovar-se sem olvidar a sua herança.

Todos esses pontos devem ser discutidos pelo grupo de design antes de começar a gerar conceitos. A ACME deverá apresentar uma imagem renovada e atual, mas sem seguir modismos passageiros. A mensagem da qualidade superior deverá figurar de forma muito clara e forte. Em resumo, esse é o desafio que se coloca aos designers.

Assim, na sua empresa, a pesquisa de mercado ou de marketing deve fornecer esse tipo de análise setorial. Cabe ao grupo de design analisar essas informações como importante insumo na elaboração dos conceitos de design.

ANÁLISE DO PÚBLICO-ALVO

Os produtos da ACME são considerados de necessidade básica para os cuidados e manutenção residenciais. Eles estão presentes em quase todas as casas, apartamentos e hotéis.

O público-alvo é constituído tanto de homens como de mulheres adultos que tenham residências fixas. Portanto, excluem-se as crianças e adolescentes que moram com os pais. Os mais jovens que passam a morar sozinhos pela primeira vez preferem os modelos mais econômicos da linha básica. Aqueles entre 24 e 30 anos preferem modelos da linha intermediária, de preço médio ou até mais caros. Já as pessoas mais amadurecidas, entre 40 e 60 anos, preferem os modelos mais caros da linha superior, disponíveis em várias versões. Até vinte anos atrás, a decisão de compra era feita pelas mulheres. Contudo, hoje, essa decisão cabe tanto às mulheres como aos homens, indistintamente.

O grau de instrução e de renda é um fator importante na preferência dos consumidores. Os modelos superiores são preferidos pelos que têm nível superior de instrução. Os modelos básicos são preferidos pelas pessoas de nível médio, de todas as idades, que desejam simplicidade de operação, desempenho básico e baixo custo.

Alguns modelos especiais, principalmente aqueles compactos, são preferidos para uso em *trailers* e barcos. O mesmo acontece com os estudantes que moram em quitinetes e alojamentos pequenos.

Outra classe de público-alvo é constituída pelos consumidores institucionais instalados em grandes espaços ou prédios de escritórios. Estes preferem modelos maiores e mais potentes do tipo "industrial", apesar do maior custo inicial.

Nossos produtos são classificados como bens duráveis. Assim, cada consumidor os compra, em média, quatro vezes durante a vida. O esforço do *marketing* é dirigido para que as pessoas entre vinte e trinta anos comprem inicialmente o modelo básico, de baixo preço. Mais tarde, trocariam duas ou três vezes, ao longo da vida, pelos modelos mais avançados. Essas trocas ocorrem em intervalos aproximados de dez anos, até os sessenta anos de idade. Pessoas mais idosas, acima dos setenta, retornam aos modelos básicos, devido à facilidade de uso e baixo preço.

As características mais apreciadas por todos os consumidores são: funcionalidade, facilidade de uso, desempenho, durabilidade, custo, garantia e facilidade de manutenção.

Os consumidores mais jovens (18 aos 30 anos) interessam-se por eventos esportivos, festas, música, vídeos e turismo interno. Aqueles entre 30 e 50 anos preferem eventos culturais, como teatro, leitura, viagens ao exterior, eventos *outdoor*, como esquiar e praticar esportes aquáticos. Acima de 50, preferem ficar em casa ou em casa de veraneio assistindo à televisão, lendo ou participando de atividades comunitárias.

Nota: *Esta seção também apresenta muitas informações úteis ao grupo de design. A ACME oferece muitas opções aos consumidores, desde os modelos básicos, até aqueles luxuosos ou potentes para uso industrial. O perfil dos consumidores para cada tipo de produto é descrito em termos de faixa etária, escolaridade, nível de renda, interesse e sofisticação. É importante lembrar que todas essas descrições referem-se à média do mercado. Pode haver exceções em casos individuais. Por exemplo, pode-se encontrar um consumidor jovem que goste de um produto mais sofisticado, mesmo que more em uma quitinete.*

Os designers devem considerar as necessidades de cada classe de consumidores. Por exemplo, as embalagens devem ser diferentes para cada tipo de produto? Quais são as implicações das compras feitas tanto por homens como por mulheres? Isso significa que o tratamento gráfico deve ser neutro?

Outro ponto importante é constatar que os consumidores muito jovens e aqueles muito idosos preferem os modelos básicos. Portanto, há um ponto de convergência entre esses dois extremos. O que isso significa para o design? O projeto deve apresentar preferência para um desses grupos? De que modo o design pode atender a ambos?

Essas discussões sobre design foram baseadas no material fornecido pela pesquisa de marketing. Quando eles fizeram essa pesquisa, não estavam preocupados em design, propriamente. Dessa forma, a partir das informações de marketing, o design deve elaborar a sua própria estratégia. Muitas vezes, essas pesquisas não fornecem detalhes suficientes, como já mencionei no Capítulo 3. Por exemplo, a descrição do público-alvo como "mulheres dos 20 aos 50" não é suficiente para o design, pois mulheres de 50 poderão ter necessidades e preferências muito diferentes daquelas de 20.

PORTFÓLIO DA EMPRESA

O portfólio completo da ACME apresenta um total de 100 itens. Este projeto não fará *redesign* ou proposta de nenhum produto propriamente dito.

O *redesign* abrangerá apenas as embalagens, manuais, *displays* para o varejo, catálogos e instruções para vendas. Esses 100 itens incluem produtos de três categorias:

- *Linha básica.* A linha básica é composta de quatro modelos bastante funcionais, sem enfeites, acessórios ou outras opções: um modelo completo, um modelo manual, um modelo comercial completo e um modelo comercial manual. Esses são produtos de menores preços, sendo recomendados $40,00 para o modelo completo, $30,00 para o modelo manual, $65,00 para o modelo comercial completo e $55,00 para o modelo comercial manual.
- *Linha intermediária.* A linha intermediária é composta de quatro modelos de melhor qualidade: um modelo completo, um modelo manual, um modelo comercial completo e um modelo comercial manual. Há mais de cinco acessórios opcionais para cada modelo, vendidos separadamente. Esses acessórios não são compatíveis com a linha básica. Incluindo-se esses acessórios, a linha intermediária é composta de 24 itens no total. O preço sugerido é de $125,00 para o modelo completo, $100,00 para o modelo manual, $175,00 para o modelo comercial completo e $140,00 para modelo comercial manual. Os acessórios são vendidos na faixa de $30,00 a $80,00 cada.
- *Linha superior.* A linha superior tem tecnologia mais avançada, componentes de alta qualidade, garantia para todos os componentes e embalagens em maletas de couro, tanto para o equipamento como para os acessórios. Ela é composta de quatro modelos: um modelo completo, um modelo manual, um modelo comercial completo e um modelo comercial manual. Cada modelo é oferecido com cinco acessórios opcionais, vendidos separadamente. Há três opções de cores, tanto para o aparelho como para os acessórios: branca, cinza e azul. A linha superior abrange 72 itens, incluindo os acessórios e cores diferentes. O preço sugerido é de $430,00 para o modelo completo, $375,00 para o modelo manual, $550,00 para o modelo comercial completo e $500,00 para o modelo comercial manual. Os acessórios oscilam entre $80,00 e $250,00 cada. Não há diferenças de preços entre as cores.

Os produtos da ACME são vendidos no mundo todo. Há pequenas variações para adequar-se aos mercados locais. Essas diferenças abrangem tanto os produtos em si, como os materiais de auxílio às vendas, *displays* para lojas, catálogos e manuais dos usuários.

Os **concorrentes** oferecem produtos e acessórios semelhantes. A Marca X, líder do mercado, oferece alguns acessórios para a sua linha básica. Ela também não vende os produtos de linha comercial para os clientes não comerciais. A Marca Y não oferece acessórios para os produtos de sua linha básica, mas oferece um ou mais acessórios gratuitamente para as linhas intermediária e superior, durante os períodos de promoção. A nossa Marca Z oferece grandes descontos durante curtos períodos, nas vésperas de datas comemorativas. Ela não oferece acessórios para a sua linha básica e nem acessórios gratuitos para as outras linhas.

A ACME pretende firmar-se no mercado oferecendo alta qualidade e valor nos seus produtos. Ela não está preocupada em competir em preço, pois considera que os consumidores estão dispostos a pagar mais pela qualidade superior. Durante a primeira década de atuação, expandiu-se oferecendo apenas os produtos da linha básica e depois diversificou para as atuais três linhas. Os acessórios e cores foram introduzidos há sete anos.

O período de rápida expansão do mercado está se acabando. Dessa forma, a empresa concentrou sua estratégia na melhoria da qualidade e confiabilidade de seus produtos. Essa decisão foi baseada na filosofia geral da empresa, empenhada em oferecer qualidade superior e valor para os consumidores.

As pesquisas de mercado demonstraram que os produtos da ACME não são claramente identificados pelos consumidores. Sua imagem foi diluída e fragmentada, sobretudo durante o período de rápida expansão do mercado, quando foram introduzidos os produtos da linha superior, opções de cores e acessórios. Alguns consumidores reclamam que confundem as embalagens quando querem adquirir acessórios. Eles ficam em dúvida se um determinado acessório serve para um determinado modelo ou ano de fabricação.

Os dois principais concorrentes da ACME anunciam que os acessórios deles são compatíveis e melhores que os da ACME. Eles chegam ao ponto de colocar o seguinte aviso nas embalagens: "Compatível com todos os modelos da ACME". Esses acessórios dos concorrentes são oferecidos a preços bem inferiores aos da ACME.

Tentando reduzir essa confusão, os dirigentes da ACME resolveram redesenhar todo o seu portfólio, incluindo catálogos, embalagens, *displays* para lojas e manuais. Com isso, pretende-se que o consumidor possa identificar rapidamente os "produtos genuínos da ACME", fortalecendo, assim, a imagem dos produtos de qualidade e valores superiores em todo o mundo.

Nota: *Esta seção que trata do portfólio da empresa é importante porque define a abrangência do projeto. Ela informa os designers sobre os produtos a serem redesenhados, faz as descrições de cada produto, produtos concorrentes, além das estratégias de marketing e promoções adotadas pela ACME e seus concorrentes. Explica também a filosofia e estratégias empresariais da ACME.*

Quando a equipe de design reunir-se para discutir esse briefing, deverá organizar uma grande matriz PROJETOS X PRODUTOS. *Na linha superior, listar horizontalmente os 5* PROJETOS *incluídos no redesign: instruções de vendas, displays para lojas, catálogos, embalagens e manuais dos usuários. No sentido vertical, na coluna à esquerda, listar os* PRODUTOS, *abrangendo os 100 itens comercializados pela empresa. Nesse exemplo, resultam 500 células nos cruzamentos das 5 colunas com 100 linhas.*

Em seguida, deve-se analisar cada uma das células dessa matriz. Por exemplo, pode-se começar com a coluna INSTRUÇÕES DE VENDAS *e percorrê-la de alto abaixo, anotando os dados disponíveis e o que deverá ser feito no cruzamento de cada linha ou seja, para cada produto. Por exemplo, pode-se analisar essas instruções dos concorrentes para os produtos completos da linha básica. É uma tarefa demorada, mas compensadora.*

Nessa matriz, será possível visualizar todo o trabalho a ser realizado. A partir disso, pode-se fazer uma programação das atividades, definindo os prazos, orçamentos e aspectos críticos em cada fase. Além disso, pode-se ter um retrato das forças e vulnerabilidades da empresa. O projeto pode ser visto como um imenso jogo de armar. Você deve posicionar cada peça no seu lugar correto, de forma coerente e lógica, para se solucionar o problema.

Você deve preparar esse tipo de matriz, mesmo que o seu projeto abranja apenas alguns tipos de produtos ou poucos projetos de design. É importante ter uma visão abrangente, pois uma pequena mudança poderá ter implicações em todo o portfólio da empresa. Sem isso, corre-se o risco de introduzir mudanças localizadas que fiquem incompatíveis com o restante.

Agora, uma sugestão. Você poderia organizar uma matriz desse tipo para a sua empresa. Não é necessário ficar esperando por projetos. Eu conheço vários grupos de design que fazem isso rotineiramente em suas empresas. Essa matriz é continuamente atualizada, eliminando-se os produtos que saem de linha e colocando-se os novos lançamentos. Assim, o próprio grupo de design pode antecipar-se sugerindo redesign de produtos existentes ou propondo novos projetos para preencher determinadas lacunas.

Uma grande empresa em que trabalhei tinha uma sala só para esse tipo de atividade. Todas as paredes foram cobertas com fotos dos produtos da empresa e outros materiais de apoio visual. Isso foi organizado pelo grupo de design, como material de trabalho para eles. Contudo, quando outras pessoas ficaram sabendo, a sala começou a receber muitas visitas. Particularmente, o pessoal de marketing e de vendas disse que nunca tinham visto uma forma tão interessante de apresentar a empresa. O próprio presidente da empresa ficou encantado. Com isso, o grupo de design conseguiu maior reconhecimento e valorização pela empresa.

OBJETIVOS DOS NEGÓCIOS E ESTRATÉGIAS DE DESIGN

Os objetivos dos negócios, visados pelo projeto de *design*, devem ser desdobrados nas respectivas estratégias de *design*, como se vê na Tabela 2.

TABELA 2. Exemplo de detalhamento dos objetivos dos negócios e estratégias de *design*.

Objetivos dos Negócios	Estratégias de *Design*
Redesenhar o portfólio dos produtos da empresa para melhorar a coerência visual e permitir um melhor reconhecimento da marca pelos consumidores em todo o mundo.	Desenvolver um padrão único da marca para ser aplicado em todas as situações.
	Desenvolver um padrão tipográfico único para ser aplicado em todas as situações.
	Desenvolver uma paleta de cores a ser aplicada em todos os produtos e explorar conceitos para aplicação de cores em cada classe de produtos.
	Explorar conceitos visuais para a apresentação dos produtos. Por exemplo, fotos, ilustrações, situações de pessoas usando os produtos, detalhes e características especiais de cada produto.
Diferenciar claramente a imagem dos produtos da ACME, destacando-a, e frente aos concorrentes.	Analisar os principais concorrentes quanto aos estilos e uso dos elementos visuais.
	Desenvolver conceitos de *design*, que se diferenciem dos concorrentes e transmitam a idéia de "produto de melhor qualidade".
Aumentar a participação no mercado.	Desenvolver conceitos de *design* para que os consumidores possam reconhecer imediatamente os produtos da ACME, reforçando a mensagem da qualidade e valor superiores.
Melhorar a imagem da empresa com novas aplicações do seu logotipo.	Desenvolver conceitos de *design* de modo que o logotipo da empresa apareça de forma bem visível em todos os produtos da empresa.
	Desenvolver novas aplicações do logotipo, de modo que a marca da empresa adquira uma imagem mais moderna e contemporânea.
Sugerir perfis e padrões visuais de novos produtos.	Desenvolver padrões, de acordo com as tendências atuais do *design*, dando preferência ao estilo clássico, sem parecer antigo ou ultrapassado.
	Sugerir perfis de novos produtos e seus respectivos públicos-alvo.
	Desenvolver um padrão de estilo que possa perdurar pelo menos durante dez anos.
Fazer uma clara distinção entre os três segmentos de mercado: Linha básica Linha intermediária Linha superior	Desenvolver conceitos para diferenciar cada linha de produtos e seus acessórios, contudo mantendo uma coerência entre eles, para serem reconhecidos como produtos da mesma empresa.

Nota: *Esta seção lista os objetivos dos negócios visados pelo projeto e considerados prioritários pela empresa. Estes se desdobram nas respectivas estratégias de design. As estratégias de design não descrevem detalhes dos conceitos nem a forma de realizá-los. Como mencionado no Capítulo 3, essas estratégias podem sofrer mudanças durante o desenvolvimento dos conceitos. Elas são apenas um ponto de partida. Tudo isso é muito dinâmico e os próprios objetivos dos negócios podem mudar. Quando surgirem novos objetivos, as estratégias de design correspondentes devem ser adaptadas à nova situação.*

Contudo, na medida do possível, essas mudanças devem ser minimizadas. Os objetivos dos negócios devem ser continuamente monitorados, bem como as suas consequências sobre as estratégias de design. E cada uma dessas estratégias deve ser discutida pelo grupo de design antes de ser incorporada ao briefing de design.

OBJETIVO, PRAZO E ORÇAMENTO DO PROJETO

Nesta seção, serão desenvolvidas as 8 fases enumeradas no sumário executivo, especificando-se as principais atividades e responsabilidades pela sua execução, além dos prazos e orçamentos para cada fase.

Nota: *No exemplo que se segue, supõe-se que o grupo de design faça parte da própria empresa. Todos os designers são empregados da empresa. Assim, o orçamento não inclui os seus salários mas apenas os custos adicionais com materiais e serviços. Nesses casos, os salários e os benefícios sociais gastos com os empregados não são apropriados diretamente aos custos de cada projeto. Contudo, algumas empresas adotam sistemas de custeio que incluem esses custos de pessoal nos orçamentos de cada projeto. Naturalmente, isso acontece também no caso dos projetos executados por terceiros. A inclusão desses custos de pessoal no orçamento, evidentemente, implica valores maiores que aqueles de projetos internos que não incluam custos de pessoal.*

Fase 1 **Análise da situação atual.** Nessa fase, deve-se:

- Coletar um exemplar de todos os materiais gráficos disponíveis, incluindo todos os catálogos da ACME, material de auxílio às vendas, *displays* de vendas, embalagens, manuais dos usuários.

- Coletar um exemplar dos materiais das citadas marcas X, Y e Z. (Nota: A marca Z é da própria ACME. Os materiais marcas concorrentes X e Y já são coletados rotineiramente. Assim, já devem existir muitos materiais disponíveis nos arquivos e provavelmente faltará pouca coisa para ser completada).
- Fazer análise visual dos materiais coletados. Isso deverá durar cerca de cinco dias (40 horas). Essa tarefa será realizada pelo gerente de *design* (nome) e mais quatro *designers* (listar os nomes). Não há custos diretos alocados a essa atividade, porque será feito pelo pessoal da própria empresa e os materiais já estão quase todos disponíveis.
- Redigir um relatório da análise visual, destacando-se os principais pontos fortes e fracos das empresas X, Y e Z. Esse relatório deve ser preparado pelo gerente de *design* (nome) e o coordenador do projeto (nome). São previstos três dias para a preparação do relatório. Não há custos adicionais para essa tarefa.
- Distribuir o relatório da análise visual, por meio eletrônico ou impresso, a todos os membros do grupo de *design*, à equipe de elaboração do *briefing* e aos demais envolvidos nas diversas fases de elaboração e aprovação do projeto. Esse relatório deve ser anexado ao *briefing* de *design*. Os materiais usados na análise visual devem ser conservados, para que possam ser consultados a qualquer tempo. O tempo necessário para elaborar as cópias e distribuições é de dois dias. Há um custo de $600,00 para cópias, distribuição e armazenamento desses materiais.
- Revisar o relatório da análise visual. Isso será feito em uma reunião com o diretor de *marketing*, diretor de vendas e todo o grupo de *design*. Essa reunião deverá ser agendada para seis dias após a distribuição do relatório. Ao final da reunião, deverá haver aprovação do relatório, com as eventuais correções.
- O tempo total previsto para a fase 1 é de 3 semanas e o custo total é de $600,00.

Fase 2 **Desenvolvimento dos conceitos iniciais.** Trabalhando em equipe, quatro *design*ers devem desenvolver seis conceitos criativos, no máximo, sob supervisão do diretor de *design*. Estes devem ser apresentados à equipe de elaboração do *briefing*, para aprovação. Durante a geração de ideias, devem ser produzidos muitos conceitos, mas apenas os seis melhores devem ser selecionados para apresentação. Todos esses conceitos devem atender aos objetivos dos negócios, à estratégia de *design* e aos resultados da análise visual.

A geração e refinamento desses seis conceitos levarão seis semanas. As despesas com contatos, viagens, serviços externos e materiais não deverão ultrapassar $50.000,00. Essas despesas poderão incluir materiais de desenho, material bibliográfico, fotografias, construção de modelos, viagens e diárias.

Nessa fase, devem ser consultados rotineiramente outros setores da empresa: representante de vendas, *marketing*, legislação, representantes regionais e pesquisadores de mercado. Além disso, eventualmente, alguns fornecedores externos: gráfica, fabricantes de *displays*, engenheiros de embalagens e outros.

Ao término dessa fase, o grupo de *design* deve apresentar os seis conceitos à equipe de elaboração do *briefing*, para aprovação. Para essa discussão e aprovação dos conceitos pela equipe do *briefing* deve ser previsto um prazo de uma semana, além das seis semanas para a sua geração, totalizando 7 semanas.

Fase 3 **Testes dos conceitos iniciais.** Os seis conceitos aprovados devem ser enviados aos executivos de *marketing* e vendas de todas as regiões geográficas e países. Se possível, devem ser enviados também modelos de *displays*. Deve-se pedir que esses executivos peçam a opinião de, pelo menos, cinco pessoas representativas do público-alvo, fazendo a pergunta: "Por favor, fale-me de sua primeira impressão sobre cada uma dessas propostas de *design*". Essas consultas devem ser gravadas em áudio ou vídeo e não devem demorar mais de quinze a vinte minutos por pessoa. O objetivo é obter as respostas imediatas a cada um dos conceitos.

As respostas gravadas devem ser enviadas ao diretor de *design* (nome e endereço). Esses representantes regionais terão três semanas para completar as entrevistas. As transcrições dessas entrevistas podem ser anexadas ao *briefing*.

O tempo total alocado à fase 3 é de quatro semanas, sendo uma para distribuição dos materiais e três para as entrevistas. O orçamento dessa fase é de $5.000,00, incluindo-se despesas para reprodução e distribuição dos materiais.

Fase 4 **Seleção dos conceitos iniciais.** Após obter avaliação dos seis conceitos iniciais, em âmbito mundial, o grupo de *design* deve selecionar os três melhores e fazer novos refinamentos dos mesmos. Será necessário prazo de três semanas para esse processo. O custo será de $35.000,00, destinado aos mesmos itens de despesas descritos na fase 2.

Esses três conceitos devem ser testados novamente com o público-alvo, repetindo os procedimentos adotados na fase 3. Essa fase tem uma duração prevista de quatro semanas e um orçamento total de $5.000,00. As transcrições das entrevistas também podem ser anexadas ao *briefing*. Portanto, a duração total da fase 4 será de sete semanas, ao custo total de $40.000,00.

Fase 5 **Seleção do conceito final.** Os resultados da fase anterior devem ser analisados e discutidos pelo grupo de *design*. O melhor conceito deve ser selecionado para ser desenvolvido completamente e submetido ao presidente para aprovação final. As quatro pessoas da equipe do projeto devem elaborar os detalhamentos e o modelo da solução escolhida.

Nessa fase, o projeto deve ser submetido à revisão de outros especialistas, além da equipe do *briefing*, incluindo-se:

- Um especialista jurídico, para revisão dos aspectos legais;
- Representantes de *marketing* das principais regiões geográficas;
- Um representante das compras;
- Representantes dos fabricantes de componentes terceirizados do projeto;

- Representante das vendas das principais regiões geográficas;
- Representante do setor de distribuição; e
- Representante das finanças, para fazer a análise de viabilidade econômica do projeto.

Alguns desses especialistas devem elaborar pareceres e propostas por escrito, abordando aspectos específicos de sua especialidade e visando à implementação do projeto:

- *Marketing* e vendas – devem elaborar planos de comunicação interna e externa.
- Compras – devem elaborar listas de fornecedores e minutas de contratos.
- Departamento jurídico – deve preparar parecer sobre a legislação, normas e direitos envolvidos.
- Distribuição – deve preparar um plano para repor os estoques existentes, substituindo-os pelos novos materiais.
- Finanças – deve preparar análises de investimentos e custos/benefícios do projeto.

A fase 5 exigirá oito semanas e um orçamento de $100.000,00. Ao término dessa fase, uma agência externa deverá ser contratada para fazer uma pesquisa profissional sobre a aceitação do produto, junto ao público-alvo, em todo o mundo. O orçamento para esses testes é de $100.000,00, durante quatro semanas. Portanto, a fase 5 terá duração total de doze semanas, com orçamento total de $200.000,00. Um resumo desses testes poderá ser anexado ao *briefing* de *design*.

Ao término da fase 5, os pesquisadores da agência externa se juntarão ao grupo de *design* e à equipe responsável pelo *briefing* para uma reunião de um dia inteiro, a fim de fazer a análise final do projeto. Um conjunto de materiais deve ser enviado a todos os participantes dessa reunião com uma semana de antecedência, incluindo: a descrição da solução, os resultados dos testes e os detalhamentos preparados pelos especialistas. Com isso, todos os participantes da reunião receberão informações suficientes para tecer eventuais comentários e tomar decisões.

Fase 6 **Preparação e apresentação do projeto para aprovação.** Deve-se elaborar um relatório abordando todos os aspectos relevantes do projeto. Esse material deve ser enviado com uma semana de antecedência ao presidente da empresa. O grupo de *design* deve preparar material visual para a apresentação final. Essa preparação exigirá duas semanas e um orçamento de $8.000,00 para materiais do relatório escrito e de apresentação. Após aprovação, passará à fase de implementação.

Fase 7 **Implementação.** Para que o projeto seja implementado rapidamente, pode-se constituir um subgrupo da equipe de *briefing*, que se encarregará de elaborar um plano de implementação. Esse subgrupo poderá trabalhar em paralelo com a fase 6.

O plano de implementação deve fazer recomendações para esgotar o estoque atual dos materiais impressos, instruções de vendas, catálogos, manuais e embalagens. Em seguida, deve prever a substituição do mesmo pelos novos materiais. Deve prever também as diferenças regionais.

O tempo previsto para a elaboração do plano de implementação é de duas semanas, simultâneo à fase 6. Não se prevê orçamento específico para esse plano, porque as atividades serão realizadas pelos respectivos responsáveis de cada função da empresa. Para a produção e distribuição dos materiais impressos em todo o mundo, serão necessários três meses e um orçamento global de $1.000.000,00.

Fase 8 **Avaliação.** O grupo de *design* deve preparar critérios para avaliar o projeto, baseando-se nos seus objetivos dos negócios. A avaliação será feita mensalmente por uma agência externa, por consultas telefônicas aos consumidores de todo o mundo. A amostragem será de 1.200 consumidores ao mês. Essas pesquisas deverão estender-se por dois anos. A agência deverá elaborar relatórios mensais, enviando cópias para os dirigentes da ACME e ao grupo de *design*.

Essas pesquisas deverão fornecer respostas a um conjunto de quesitos padronizados para serem aplicados em várias partes do mundo. As pesquisas devem ser feitas sem mencionar o nome da empresa ACME ou marca de seus produtos e as dos concorrentes. Ao final, as pesquisas devem fornecer respostas às seguintes questões:

- A marca da ACME é lembrada pelo público-alvo de cada tipo de produto?
- Qual é a porcentagem do público-alvo capaz de reconhecer a marca da ACME?
- Que tipo de percepção o público-alvo tem sobre cada uma das quatro marcas líderes do mercado?
- Os consumidores são capazes de reconhecer os diferentes valores dos produtos pelas suas imagens visuais?
- Há quantos anos o consumidor tem conhecimento das marcas da ACME?
- Os consumidores mudaram de opinião sobre as produtos da ACME nos últimos anos?

Além disso, essas informações serão confrontadas com as vendas mensais e as receitas obtidas, assim como com as oscilações do valor das ações. Os acompanhamentos devem ser feitos pelo departamento financeiro da empresa. Essas informações devem ser coletadas mensalmente, durante dois anos, para serem adicionadas aos relatórios de acompanhamento do projeto de *redesign* do portfólio da empresa.

A equipe do *briefing* de *design* deve realizar reuniões mensais para analisar os relatórios, comunicando qualquer fato estranho à administração superior, para as devidas providências. Esse tipo de acompanhamento também pode fornecer informações valiosas para os grupos de pesquisa e desenvolvimento, indicando oportunidades para formulação de novos projetos.

O tempo total para completar o projeto até o ponto de sua implementação é de 35 semanas, correspondendo a cerca de 8 meses. O orçamento total do projeto é de $303.600,00, com um custo de implementação mundial de $1.000.000,00. A Tabela 3 resume as 8 fases descritas, com os respectivos prazos e orçamentos.

TABELA 3. Principais fases do projeto de redesenho do portfólio da empresa ACME.

Fase	Objetivo	Principais atividades	Responsável	Prazo	Orçamento
1	Análise da situação atual	- Coletar material gráfico da empresa e dos 2 maiores concorrentes. - Fazer análise visual. - Preparar relatório da análise visual.	- Grupo de *design* - *Marketing* - Vendas	3 semanas	600,00
2	Desenvolvimento dos conceitos iniciais	- Gerar vários conceitos. - Selecionar os 6 melhores conceitos iniciais.	- Grupo de *design* - Equipe do *briefing*	7 semanas	50.000,00
3	Teste dos conceitos iniciais	- Testar os conceitos com o público-alvo em todas as regiões geográficas.	- Grupo de *design* - Gerentes regionais	4 semanas	5.000,00
4	Seleção dos conceitos iniciais	- Selecionar os 3 melhores conceitos. - Refinar os conceitos. - Testar novamente com o público-alvo.	- Grupo de *design* - Gerentes regionais	7 semanas	40.000,00
5	Seleção do conceito final	- Selecionar e desenvolver o melhor conceito.	- Grupo de *design*	8 semanas	100.000,00
		- Submeter à revisão dos especialistas para elaboração de pareceres e propostas.	- Diversos especialistas		
		- Pesquisar a aceitação pelo público-alvo.	- Agência de pesquisa	4 semanas	100.000,00
		- Análise final do projeto.	- Grupo de *design* - Equipe do *briefing* - Agência de pesquisa		
6	Preparação e apresentação do projeto para aprovação	- Preparar material de apresentação. - Preparar o relatório. - Fazer apresentação.	- Grupo de *design*	2 semanas	8.000,00
		- Aprovar formalmente.	- Presidente		
7	Implementação	- Elaborar plano de implementação.	- Equipe do *briefing*	2 semanas*	
		- Colocar em produção industrial.	- Empresa gráfica		1.000.000,00**
8	Avaliação	- Estabelecer critérios de avaliação.	- Grupo de *design*	2 semanas*	
		- Consultar 1200 consumidores/mês.	- Agência de pesquisa	2 anos com pesquisas mensais***	
SOMA				35 semanas (8 meses)	303.600,00

* Simultâneas à fase 6, não influindo no tempo total do projeto.

** Valor não incluído no custo do projeto.

*** Atividade a ser realizada após a implantação do projeto, com preço a ser cotado.

Nota: *Esta seção apresentou um roteiro para percorrer as diversas etapas do projeto. Ela tem muitos usos como: contrato formal entre as partes, instrumento de acompanhamento, apresentação para os não designers e um modo para demonstrar o processo estratégico do design.*

Este exemplo foi baseado em uma atividade usual em qualquer empresa – um redesign completo de seu portfólio. O custo previsto pode parecer muito alto. Contudo, ao decompor esse custo por fases, fica mais fácil de justificá-lo. Se, por acaso, a administração superior exigir uma redução dos custos, deve-se discutir os conteúdos das fases que serão eliminadas ou reduzidas.

Deve-se considerar também que o exemplo refere-se a um grande projeto. Na minha opinião, é melhor envolver o grupo interno de design em um ou dois grandes projetos do que em centenas de pequenos projetos que não provoquem impactos significativos. Naturalmente, esses pequenos projetos podem ser descritos de forma mais sumária. Assim, cada briefing é diferente do outro.

Quero dizer mais uma vez que o grupo de design pode ser mais produtivo se trabalhar de forma planejada, antecipando-se a certas ocorrências. Por exemplo, pode-se coletar rotineiramente os materiais dos principais concorrentes, construir e atualizar continuamente a matriz PROJETOS X PRODUTOS *da própria empresa. Assim, ao receber encomenda de um projeto específico, este poderá ser analisado no contexto dessa matriz. Assim, as respostas poderão ser mais rápidas. Com isso, o grupo poderá conquistar mais respeito dos seus superiores.*

Muitos leitores poderão argumentar que existe um excesso de testes ao longo desse briefing. Eles poderão dizer que seus superiores não estão dispostos a gastar tanto tempo e dinheiro com os testes. Os testes indicam se o grupo, interno ou externo, está indo no caminho certo. Sem esses testes, poderão ocorrer mais desvios.

A correção desses desvios poderá tornar-se muit[illegible] onerosa e demorada que os gastos com os testes.

Durante a minha carreira, encontrei muitas resistências aos testes que propus. Nesses casos, eu simplesmente perguntava aos diretores: O que acontecerá se os consumidores rejeitarem o projeto? Quais serão os tempos e os custos adicionais para corrigir os erros? Teremos tempo e dinheiro para fazer tudo de novo? Qual será o dano à imagem da empresa? Geralmente, eles acabavam concordando, principalmente no caso de projetos de alta visibilidade, como o deste exemplo.

Se você estiver envolvido em um projeto com pequenos riscos, provavelmente não concordarão em aplicar tempo e dinheiro com testes extensivos. Nesses casos, o próprio designer pode fazer os seus testes informais, como já foi descrito. Ele pode visitar algum ponto de venda e conversar com aproximadamente dez consumidores. Não deixa de ser uma forma de consulta ao público-alvo, mesmo que não tenha a confiabilidade estatística das pesquisas formais de mercado.

PESQUISA DAS TENDÊNCIAS

As pesquisas das tendências incluem uma previsão da evolução tecnológica, novos produtos a serem lançados no mercado, prazos prováveis desses lançamentos, mudanças de hábitos e preferências dos consumidores, além das evoluções econômicas e sociais em diferentes regiões do mundo. Essas pesquisas são realizadas pelo pessoal de *marketing* e de pesquisa e desenvolvimento, podendo incluir outros especialistas, como estatísticos e antropólogos. Em alguns setores, existem pesquisas realizadas por empresas especializadas ou associações empresariais.

Essas pesquisas procuram fazer uma extrapolação, a partir da análise do contexto atual e evolução de algumas variáveis explicativas. Mesmo que não apresentem informações precisas, mas apenas indicações, elas serão críticas para o desenvolvimento dos princípios, diretrizes e estratégias para os futuros produtos. De preferência, o relatório das tendências deve ser apresentado com quatro semanas antes do início do projeto.

Nota: *Neste exemplo não há descrições prévias detalhadas sobre princípios e diretrizes do projeto. Devido à natureza do projeto, tratando-se de redesign de um produto já bastante difundido, pode-se começar a trabalhar sem essas informações prévias. Contudo, isso não significa que elas sejam dispensáveis. Significa que as fontes de informações já são conhecidas e que as mesmas poderão ser solicitadas no seu devido tempo. Se houver o risco de essas informações não chegarem a tempo, deve-se prever um prazo adequado no próprio briefing. Assim, evitam-se desculpas do tipo "Eu não sabia que vocês precisavam disso com urgência".*

Finalmente, pode-se fazer a análise custo-benefício, comparando-se o que se gastou com o projeto e o retorno proporcionado pelo mesmo. Antes de se aprovar o briefing, os custos foram apenas estimados. Após a execução do projeto, pode-se calcular os custos com exatidão e fazer estimativas sobre o seu retorno. Essas demonstrações financeiras serão muito úteis para preparar a apresentação do projeto para aprovação. Além disso, podem ser usadas também para se fazer a avaliação, após a implementação da solução. Após essa implementação, o retorno do investimento pode ser calculado com maior precisão e, com isso, o seu custo-benefício.

APÊNDICE

O apêndice deve ser atualizado semanalmente, assim que novas informações forem obtidas. Geralmente incluem:

- Relatório da análise visual da empresa ACME, assim como das Marcas X, Y e Z;
- Resultados dos testes de conceitos da fase 3;
- Resultados dos testes de conceitos da fase 4;
- Sumários executivos dos testes realizados pelas agências externas em todo o mundo com recomendações finais sobre o *design*;
- Cópia completa da apresentação final para aprovação;
- Cópias completas dos planos para implementação do projeto, escritos pelos vários setores da empresa, como foi descrito na fase 7;
- Análise do custo-benefício, preparada pelo setor financeiro da empresa;
- Cópia do relatório sobre pesquisa das tendências;
- Cópia da pesquisa de mercado para o novo produto e do público-alvo;
- Questionários de avaliação e sumários executivos mensais;
- Arquivos dos principais conceitos gerados pelo grupo de *design*; e
- Análise dos concorrentes.

Nota: *Como já foi mencionado, o Apêndice é composto dos materiais auxiliares para consultas eventuais. O briefing completo, incluindo esses apêndices, poderá constituir-se em valioso material para futuras consultas. Após implantar a rotina de elaborar os briefings, torna-se mais fácil e rápido elaborar os futuros briefings. Muitas vezes, certos apêndices de um projeto poderão ser muito úteis para outros projetos. Não é necessário reinventar a roda. Arquive sempre os seus briefings de design!*

CAPÍTULO 12

SUPERAÇÃO DE OBSTÁCULOS

Os *designers* costumam enfrentar muitos obstáculos durante seu trabalho. Em primeiro lugar, porque devem propor soluções inovadoras, que não são facilmente aceitas, pois quase sempre sofrem resistências. Em segundo lugar, porque não conseguem obter os recursos e apoios necessários, devido ao seu baixo prestígio dentro das empresas. Muitos *designers* e gerentes de *design* sentem-se desanimados diante desses obstáculos. Eles dizem que gostariam de ter um prestígio semelhante ao de outras funções na empresa.

Uma forma de superar esses obstáculos é prevê-los com antecedência e preparar-se para enfrentá-los. Os *designers* devem dedicar boa parte do seu tempo e esforço para listar esses obstáculos futuros e preparar-se antecipadamente para enfrentá-los quando surgirem.

DOIS TIPOS DE OBSTÁCULOS

Os obstáculos em geral podem ser classificados em duas categorias. Os obstáculos pessoais, intrínsecos à própria pessoa, e aqueles externos, representados pelo ambiente e pela empresa.

OBSTÁCULOS PESSOAIS

Os obstáculos pessoais são os relacionados com a personalidade, conhecimentos, experiências e comportamentos do próprio *designer*, e bloqueiam o seu sucesso. A lista pode ser longa, mas inclui, principalmente:

- Falta de autoconfiança, medo de fracassar;
- Timidez, medo das pessoas autoritárias;
- Medo de assumir responsabilidades na tomada de decisões;
- Baixas tolerâncias às divergências e opiniões contrárias;
- Aversão aos riscos e situações de incerteza;
- Falta de habilidades específicas para a profissão;
- Falta de contatos para resolver problemas específicos;
- Falta de experiência;
- Demora nas decisões, pouco compromisso com os prazos;
- Falta de vontade e ambição, preguiça;
- Baixa motivação para estudar e aperfeiçoar-se;
- Incapacidade de expressar-se claramente em grupo; e
- Prioridades confusas.

Evidentemente, todas as pessoas têm as suas deficiências, medos e omissões. Contudo, o mais importante é reconhecer as suas **próprias** deficiências. Identificando-se as suas deficiências, é possível elaborar uma estratégia para neutralizá-las ou superá-las. Aqueles que não fazem isso, provavelmente ficarão apenas lamentando e reclamando eternamente da má sorte.

A superação desses obstáculos pessoais é difícil, porque exige uma mudança de postura, saindo do comportamento habitual e confortável. As pessoas em geral constroem uma "armadura" para defender-se, não expondo as suas fraquezas e não se colocando em situações em que elas sejam testadas.

Você se lembra daquele exercício que faço em meus seminários, pedindo para cada participante fazer uma lista da percepção de si mesmo? Em seguida, uma nova lista sobre a percepção que os outros fazem de você? É incrível como essas listas são diferentes. Os seres humanos tendem a ver a si mesmos com olhos diferentes dos outros. Então, é necessário meditar sobre os seus obstáculos pessoais e de como eles são vistos pelos outros. É necessário ser receptivo a essa percepção dos outros sobre nós, para que possamos adotar atitudes corretivas.

Uma vez, quando trabalhava na empresa Gillette como gerente de *design*, passei por uma experiência marcante. Ela contratou um **consultor** em recursos humanos para melhorar o relacionamento dos gerentes com seus subordinados. Esse consultor passou um formulário para ser preenchido por todos os subordinados de um determinado gerente. O mesmo formulário foi preenchido também por outras pessoas externas ao departamento, mas que tivessem contato direto com o referido gerente. Esse formulário apresentava diversas perguntas sobre o gerente, sendo permitido também redigir outros comentários. Quando os formulários foram completados, o consultor compilou-os e marcou reunião com cada gerente, individualmente, para analisar os resultados.

As identidades das pessoas que responderam foram mantidas em sigilo. Nenhum comentário, assim como nenhum resultado das análises, foram levados ao conhecimento dos superiores de cada gerente. Portanto, nenhuma informação foi usada como anotação na ficha pessoal. Teve somente o objetivo de proporcionar aos gerentes a percepção que seus subordinados faziam deles, assim como de outras pessoas, com as quais mantinham contatos frequentes. Ou seja, colocar esses gerentes diante de um "espelho". Os resultados foram muito reveladores.

No começo, estávamos todos meio amedrontados com o processo. Mas o consultor mostrou grande profissionalismo e rapidamente dissipou o nosso medo. Descobri algumas coisas que meus subordinados pensavam sobre mim e que eu próprio jamais teria imaginado. Fiquei convencido de que alguns dos meus comportamentos e práticas poderiam ser melhorados. O consultor me deu sugestões muito úteis para que eu pudesse superar as minhas barreiras e obstáculos. O essencial era elaborar um plano de aperfeiçoamento pessoal.

Confesso que foi um dos mais edificantes acontecimentos em minha carreira. Fiz uma reflexão e reconsiderei algumas de minhas práticas do dia a dia. Fiquei conhecendo os pontos que poderia melhorar, a fim de ter um relacionamento mais positivo com meus subordinados e colegas. Isso me fez acreditar no benefício de um plano pessoal, que será detalhado no Capítulo 13.

Sugeri esse tipo de prática a muitos gerentes de *design* e vários responderam favoravelmente. Existe uma forma relativamente simples e barata de fazer isso. Você mesmo pode formular um conjunto de questões e distribuí-las aos seus subordinados e colegas e pedir que eles respondam anonimamente. Com isso você mesmo pode descobrir os seus obstáculos pessoais e, a partir disso, elaborar um plano para superá-los.

OBSTÁCULOS AMBIENTAIS

Os obstáculos ambientais são aqueles de natureza organizacional e técnica, sobre os quais você tem pouco controle, embora possam bloquear o seu sucesso. São criados por outras pessoas da empresa ou derivam-se da política e cultura organizacional, e do ambiente externo. A lista pode ser longa, mas aqueles mais frequentes são:

- Falta de tempo, prazos exíguos;
- Orçamento insuficiente;
- Falta de equipamento, equipamentos obsoletos;
- Falta de pessoal qualificado;
- Falta de apoio dos superiores;
- Baixos salários ou injustiças salariais;
- Outras pessoas que atrapalham;
- Decisões demoradas, excesso de burocracia;
- Pressão ou desvantagem competitiva; e
- Condições físicas inadequadas, calor, ruídos, espaço insuficiente.

Esses obstáculos ambientais, combinados com os obstáculos pessoais, podem produzir aborrecimentos e desanimar até os mais otimistas. Para que isso não aconteça, é preciso reconhecer a situação e atuar positivamente para superá-la.

LIDANDO COM OS OBSTÁCULOS

A melhor maneira de lidar com os obstáculos, pessoais ou ambientais, é enfrentá-los frente a frente. Faça uma lista de todas as barreiras pessoais ao seu sucesso. Descreva detalhadamente os obstáculos pessoais, e depois descreva os obstáculos ambientais.

Para cada um deles, faça as seguintes perguntas. Esse obstáculo é realmente sério? Esse obstáculo pode ser eliminado? Como? Esse obstáculo pode ser reduzido ou neutralizado? Como? O que acontecerá se o obstáculo permanecer? Quais são as pessoas, recursos materiais, tempo e outros entraves envolvidos nesse obstáculo? Posso mudar meu plano para contornar o obstáculo? Como? Quanto tempo e esforço devo gastar para superar o obstáculo? Que ajudas posso pedir aos outros? Como posso consegui-los? Quanto tempo vai durar esse obstáculo?

Listando os seus obstáculos e fazendo a si mesmo essas perguntas, você saberá, no mínimo, onde se situam os entraves. Além disso, você saberá exatamente quais são esses entraves. Isso certamente será melhor que ficar reclamando da má sorte.

Existe apenas um reduzido número de alternativas possíveis. Você poderá eliminar o obstáculo, neutralizá-lo, contorná-lo ou conviver com ele. Em muitos casos, você precisa simplesmente aprender a conviver com ele.

Por exemplo, eu trabalhei em uma empresa que sofreu um incêndio devastador. Quase todas as instalações da sua sede foram dizimadas pelo fogo. Os empregados foram instalados em vários escritórios espalhados pela cidade, enquanto a sede era reconstruída. O grupo de *design* perdeu todos os equipamentos e arquivos. Os projetos que estavam em desenvolvimento precisaram ser reiniciados a partir do zero. Os gerentes disseram que os prazos não poderiam ser prorrogados. Isso certamente foi um obstáculo técnico, com o qual o grupo de *design* teve de conviver durante certo tempo. Diante do problema, realmente restava pouco a fazer, senão enfrentá-lo e trabalhar arduamente, dia e noite, até que o prejuízo fosse recuperado.

Poucas pessoas do grupo de *design* pressionaram para obter dilatação dos prazos dos projetos. O gerente de *design* percebeu que isso não seria bem recebido pela empresa. Todas as pessoas na empresa estavam diante de problemas semelhantes e se esforçavam para recuperar o tempo perdido. Diante disso, parecia pouco razoável reivindicar um tratamento especial só para o grupo de *design*. Isso poderia ser visto como falta de solidariedade aos colegas da empresa. Resolveu-se, então, enfrentar o desafio, trabalhando-se arduamente durante quase um ano. Esse é um exemplo de uma situação com a qual o grupo de *design* simplesmente precisou conviver.

Conheço uma outra situação em que o grupo de *design* não tinha espaço suficiente para realizar seus trabalhos. Repetidos pedidos do gerente de *design* por mais espaço foram negados. O custo por metro quadrado era proibitivo. Pelo menos essa era a alegação do setor financeiro. O gerente de *design* mudou de tática e passou a usar a mesma "arma" do setor financeiro. Ele preparou um relatório mostrando que o aumento das vendas e participação no mercado estavam diretamente relacionados com as atividades de *design*. Em outras palavras, que o investimento para melhorar as condições de trabalho do grupo de *design* poderia significar maiores lucros para a empresa. Ele foi imediatamente atendido.

Algumas empresas oferecem oportunidades que ajudam a superar os obstáculos pessoais. Há departamentos de recursos humanos que organizam programas de atualização profissional, visando aperfeiçoar os conhecimentos e habilidades dos seus empregados. Isso torna-se necessário, sobretudo com os rápidos avanços tecnológicos. Vi muitos grupos de *design* que conseguiram melhorar a execução e apresentação de seus projetos pela adoção de novos programas informatizados. Para aqueles que ocupam cargos gerenciais, há ferramentas semelhantes que ajudam a melhorar a supervisão e acompanhamento dos projetos.

O que importa é identificar e listar todos os obstáculos, sejam eles reais, fictícios ou potenciais. Depois, parte-se para a análise e elaboração de um plano para lidar com cada um deles. Nada vai melhorar sem que você tome uma atitude positiva para superá-los.

Capítulo 13

CRIANDO UM PLANO PARA AVANÇAR

Um *designer* nunca deve adotar atitude passiva diante do *status quo*. Ele deve trabalhar seriamente para elevar o conceito do *design* dentro da empresa, transformando-o em uma atividade importante e participativa nas decisões estratégicas. Contudo, não basta apenas pensar e almejar essa situação. É preciso trabalhar ativamente para alcançá-la. Para isso, deve desenvolver um plano de ação para transformar *design* em atividade estratégica.

Às vezes, é necessário elaborar dois planos. Um deles para o seu aperfeiçoamento pessoal e outro, para o grupo. Em ambos os casos, aplicam-se as mesmas técnicas. Pegue o seu *notebook* e comece a digitar.

FAÇA UM INVENTÁRIO

A primeira providência é fazer uma lista de suas contribuições reais, ou seja, o valor que você adicionou à empresa. Considere as suas contribuições pessoais e as do seu grupo de *design*. Escreva a sua declaração de valor no *notebook*. Para fazer isso, revise o Capítulo 7 e os comentários dos gerentes de *design* no Capítulo 9.

No Capítulo 7, apresentei várias técnicas para dar-se a partida. Agora, para escrever o plano, pode-se acrescentar mais alguns itens. Faça uma lista dos seus sucessos e fracassos – tanto pessoais como do grupo de *design*. Seja honesto consigo mesmo ao fazer isso. Criando-se o hábito de escrever e revisar os acertos e erros do passado, aumenta-se a sensibilidade para os pontos críticos. Os esforços para melhorar o seu estilo gerencial e as práticas de trabalho do grupo devem ser concentrados nesses pontos.

O conteúdo daquilo que se escreve deve ser significativo, relacionando-se sempre com os negócios da empresa. Não basta dizer: "Nunca passamos do prazo". Isso não deixa de ser uma obrigação, pois os gerentes devem manter as suas atividades dentro dos prazos e orçamentos estabelecidos. É preciso relatar os resultados que contribuíram para que a empresa pudesse alcançar seus objetivos estratégicos nos negócios. De preferência, devem ser mencionados fatos mensuráveis, com os seus resultados quantitativos, como o aumento das vendas ou da lucratividade.

Os erros e fracassos também devem ser reconhecidos. Se alguma coisa saiu errada, por que isso aconteceu? O que poderia ter evitado isso? Por que isso não foi feito? O que faltou?

Alguns anos atrás, participei da Conferência Europeia do DMI, em Amsterdã. Entre as muitas apresentações, lembro-me de uma feita por um oficial das Forças Armadas dos EUA. Ele era um especialista em treinamento militar e descreveu uma ação que poderia ser muito útil aos grupos de *design*. Disse que, ao término de um exercício, como a manobra em um combate simulado, todos os participantes deveriam participar de uma reunião de avaliação. Ele explicou que essa atividade deveria ocorrer imediatamente após o exercício, para que todos pudessem lembrar os detalhes. Discute-se o que deu certo e o que deu errado. Depois, as razões disso. Quais foram os aspectos da manobra que contribuíram para o seu sucesso? O que se pode fazer de diferente para aumentar esse sucesso? Quais foram as ocorrências não previstas? Como se reagiu a essas ocorrências? Houve muitos estragos? Por quê? Como se prevenir contra essas emergências?

Creio que esse tipo de avaliação pode ser muito útil para os grupos de *design*. Imediatamente após terminar um projeto, a equipe poderia ser reunida para uma avaliação em grupo. Não se esqueça de chamar os outros participantes que contribuíram na elaboração do respectivo *briefing* do projeto. Faça anotações e use essas informações para melhorar seu plano de ação. Esteja atento para os pontos que não funcionaram bem e que merecem alguma ação corretiva. Isso é importante para se corrigir essas deficiências no projeto seguinte.

Fazendo esse tipo de avaliação, você poderá identificar claramente os pontos problemáticos, onde deverão ser concentrados os esforços corretivos. Terá também uma visão dos acertos e dos pontos fortes, que poderão ser listados a favor de seu grupo, como valor adicionado às operações da empresa.

APLIQUE A FÓRMULA PAR

A fórmula PAR existe há muito tempo e a tenho usado por mais de vinte anos para aperfeiçoar o planejamento. Nessa fórmula, ***P*** significa *Problema* que você deve solucionar exigindo uma ação de sua parte. O ***A*** representa a *Ação* necessária para resolver o problema. O ***R*** representa *Resultados* obtidos pela ação.

Faça uma revisão dos trabalhos que você já realizou como *designer*. Certamente haverá alguns exemplos que poderá citar com orgulho. Liste os resultados que você alcançou aplicando as suas habilidades para executar uma ação positiva e resolver problemas. Cito alguns exemplos dessas ações possíveis, apenas como exemplos para você preparar a sua própria lista:

- Você desenvolveu um fluxograma que facilitou o acompanhamento do projeto.
- Você encontrou um meio para abreviar o prazo para o término do projeto.
- Você deparou-se com um sério problema e tomou medidas para corrigi-lo.
- Você identificou uma oportunidade e sugeriu um novo produto.
- Você conseguiu matricular o pessoal do seu grupo em curso de atualização.
- Você produziu soluções de *design* que aumentaram as vendas e lucros. Você idealizou conceitos considerados muito inovadores e competitivos.

Escrevendo essas coisas no seu *notebook* você será capaz de identificar as ações realizadas no passado com sucesso. O mesmo pode ser adotado para analisar os casos de fracassos. Isso é semelhante àquela avaliação dos exercícios militares. Que tipo de problema surgiu, como você atuou para resolvê-lo e quais foram os resultados conseguidos? Se você listar honestamente todas essas coisas e fizer uma análise detalhada delas, conseguirá identificar os assuntos nos quais devem ser concentrados os esforços para melhorias.

Tire vantagem dos seus pontos fortes e liste os pontos fracos que merecem aperfeiçoamentos. Descreva as ações necessárias para corrigir ou eliminar cada ponto fraco e marque uma data-limite no calendário para que isso aconteça. Fixe datas realísticas para que essas ações possam ser realmente executadas. Se não fizer isso, muitas dessas ações poderão ficar apenas no plano das intenções: "Eu realmente tenho que fazer isso algum dia" e esse dia nunca chegará. Da mesma forma, agende as reuniões importantes, marcando suas datas e os horários com certa antecedência.

Confesso que um dos meus obstáculos pessoais é a tendência em adiar as coisas. É fácil dizer para mim mesmo "Vou providenciar isso na próxima semana". Ao chegar a próxima semana, arranjo outra desculpa e assim vou empurrando para frente. Para pessoas como eu, nunca se deve dizer coisas como: "Vou precisar disso algum dia no próximo semestre". Ao invés disso, deve-se fixar datas do calendário para o término de cada ação. Tendo a informação sobre a data fatal, tento planejar todas as etapas intermediárias para que tudo chegue pronto até aquela data.

O PLANO PRECISA SER MAIS ESPECÍFICO

Vamos nos referir novamente ao modelo apresentado na Figura 1 do Capítulo 7. Pegue o organograma da empresa e pense sobre as possíveis contribuições do *design* para melhorar cada uma das funções da empresa. Marque uma reunião com os responsáveis de cada uma dessas funções, para conversar sobre *design*. Fixe uma data e horário para o encontro e seja pontual. Planeje com antecedência tudo aquilo que você pode oferecer. Escreva tudo isso em seu *notebook*.

Fale sempre sobre as necessidades **deles** e dos benefícios à empresa ao aplicar o *design*. Lembre-se do que disse John Tyson (ver Capítulo 7) em uma reunião: "Estou aqui para **investir** em seu futuro". Nunca, jamais, vá para uma reunião desse tipo para falar dos **seus** problemas. Eles dificilmente estarão interessados nos seus problemas.

Assim procedendo, você poderá fazer uma lista das necessidades de *design* em cada função da empresa. Além desse mapeamento dos possíveis projetos, você poderá construir uma rede de contatos dentro da empresa. Esse é o resultado mais valioso desse processo, podendo ser muito útil para todos. Muitas vezes, esses contatos não produzem resultados imediatos. Contudo, quando qualquer um deles tiver um problema que possa ser resolvido com a colaboração do *design*, certamente vai se lembrar de você.

ENCONTRANDO A PESSOA CERTA

É muito importante construir uma rede de contatos dentro da empresa, a fim de aumentar a sua visibilidade, credibilidade e confiança. Mas, como se deve fazer para encontrar as pessoas certas e ter uma conversa produtiva com elas? Apresento algumas sugestões como ponto de partida:

- Use o organograma para listar as funções e ocupantes dos cargos.
- Verifique se existe algum responsável pelo *design* em cada uma das funções.
- Verifique se já houve alguma experiência anterior deles com o *design*, quem fez, se os resultados foram positivos ou negativos, e por quê.
- Pense sobre os trabalhos de *design* que poderiam ser úteis para eles, tanto a curto como a longo prazo.
- Organize exemplos de projetos e estudos de casos semelhantes.
- Descubra quem são seus mentores, aliados, amigos e desafetos.
- Finalmente, elabore um plano para a reunião.

Antes de sua primeira reunião com essas pessoas, prepare uma lista de perguntas que demonstrem tanto o seu conhecimento geral sobre a empresa como da função específica em cada caso. Faça muitas perguntas.

Não se preocupe em "vender" o *design*, supondo que ele possa aplicá-lo em algum trabalho. Ao contrário, mostre como o *design* pode contribuir para o sucesso **dele**. Na primeira reunião, pode-se descobrir algumas aplicações possíveis do *design*. Marque uma outra reunião para apresentar algumas ideias dessas aplicações. Pode-se também convidá-lo para visitar o seu setor e apresentar-lhe projetos semelhantes já desenvolvidos.

Marque sempre a **data** e **horário** para o retorno, assim como o respectivo assunto a ser tratado. Não se deve dizer simplesmente: "Vou dar um retorno". Em vez disso, seja mais enfático: "Então vou reencontrá-lo em (data, hora e local) para apresentar alguns esboços do novo catálogo". É também uma boa ideia dar continuidade a essa reunião com envio de uma ata, *aide-mémoire*, relatório ou algum outro tipo de documento escrito por *e-mail*. Acima de tudo, o novo contato deve ser cultivado para fortalecer-se.

OBSTÁCULOS AO PLANEJAMENTO

Trabalhe com a lista dos obstáculos, criada anteriormente (ver Capítulo 12). Planeje as ações necessárias para superá-los, da melhor forma possível. Fixe uma data-limite para cada uma deles. Envolva todo o grupo de *design* na formulação dessas ações, pois isso deve ser um esforço coletivo.

FORMATAÇÃO DO PLANO DE AÇÃO

Há muitos formatos possíveis para planos de ação, mas você deve escolher aquele que melhor lhe convém. O importante é listar todas as metas que se quer atingir. Cada meta deve ser desdobrada em ações específicas, com as respectivas datas para término. Para cada uma delas, defina os critérios de acompanhamento. Por exemplo, para a ação de "Entrevistar o público-alvo" o critério deve ser a quantidade de entrevistas realizadas até certa data-limite. Entre metas mais importantes de um grupo de *design* incluem-se as seguintes:

- Difundir as potencialidades do *design* nos vários setores da empresa.
- Construir uma rede de alianças com os principais setores da empresa.
- Mudar a imagem do *design*, livrando-o da pecha de "serviços artísticos".
- Conseguir a valorização do *design* pela empresa.
- Transformar *design* em parceiro estratégico dos negócios da empresa.

Conheci vários grupos de *design* que elaboraram planos para "alavancar" essa função dentro das empresas. Contudo, acabaram abandonando-os quando os trabalhos apertavam. Isso indica que colocavam o trabalho de planejamento em segunda prioridade. Isso não deveria ter sido feito. A elaboração e implementação de um plano de ação devem ser consideradas como uma das atividades mais importantes do grupo. Ele é a única forma de atingir as metas da função *design*, de forma ordenada e coerente.

O gerente de *design* deve assumir a responsabilidade pela coordenação do processo. No início de minha carreira, quando gerenciei um pequeno grupo de *design*, pensei que poderia acumular as funções de gestão com a de projeto. Com o tempo, descobri que as atividades gerenciais consomem muito tempo e sobra pouco tempo para trabalhar nos projetos. Assim, tive que decidir entre uma coisa e outra. Naturalmente, dei prioridade às funções gerenciais, inclusive porque outras pessoas do grupo podiam realizar aquelas de projeto. Mas eu era o único responsável pela gestão. Foi uma decisão difícil.

Todos os gerentes de *design* bem-sucedidos me contam coisas semelhantes. Um gerente de *design* deve dedicar-se principalmente à coordenação dos trabalhos e ao contato com os outros. Isso significa que não sobrará tempo para fazer os próprios projetos. Contudo, para um gerente, o mais importante é cuidar dos assuntos gerenciais em tempo integral. Só assim se consegue transformar o *design* em um centro de excelência, em parceiro valioso e em elemento estratégico para o sucesso global da empresa. Esse é o principal compromisso de um gerente bem-sucedido.

CAPÍTULO 14

LIÇÕES QUE APRENDI AO LONGO DA VIDA

Para finalizar esta obra, gostaria de oferecer algumas reflexões baseadas nas minhas experiências, vivenciadas durante trinta anos como projetista, gerente de *design*, consultor e conferencista do DMI.

Como já mencionei no início, o curso de graduação em *design* que realizei na Universidade de Connecticut e UCLA deu-me a base para começar na carreira. Contudo, aprendi muito pouco sobre o funcionamento das grandes empresas que operam no mercado mundial.

Após a graduação, passei cinco anos ensinando *design* em uma pequena instituição particular. Gostei muito dessa curta experiência. Para ensinar, tive que estudar mais e aprofundar os conhecimentos sobre algumas matérias que tinha aprendido durante a minha graduação. Também tive a oportunidade de viajar durante as férias de verão. Gastei grande parte desse tempo na Europa, visitando museus, escolas europeias de *design* e conversando com alguns *designers* europeus. No final das contas, esses cinco anos como professor foram muito proveitosos.

Após essa experiência didática, comecei a acreditar que tinha chegado o momento de entrar no mundo empresarial e praticar o *design* de fato. No início tomei um enorme choque. Aquilo que eu tinha a oferecer como profissional tinha pouquíssimo valor para os outros gerentes não *designers* da empresa. Em pouco tempo comecei a reclamar do orçamento insuficiente, do prazo apertado, do trabalho pouco significativo e da falta de consideração dos colegas de outros setores. Não vivia no mais feliz dos mundos.

Felizmente, encontrei algumas pessoas que me orientaram ao longo da minha carreira. Essas pessoas me disseram que eu precisava aprender mais sobre o funcionamento das empresas. Essa foi a minha **primeira lição**. Fui enviado para participar de um programa de desenvolvimento de executivos na Universidade de Michigan. Esse programa tinha duração de um ano e transformou a minha vida.

Earl Powell, no artigo sobre gerência de *design* (ver Capítulo 9), descreve como sempre lutou para conseguir recursos para enviar o seu pessoal aos vários programas de desenvolvimentos profissionais. Ele sabia que os conhecimentos aprendidos em cursos de graduação eram insuficientes. Quem atua no mundo empresarial precisa aprender a liderar, gerenciar, negociar e compreender o mundo dos negócios. E isso não se aprende nos cursos de *design*.

Aquilo que se chama de "desenvolvimento profissional" pode adquirir diversas conotações, dependendo do seu cargo. Para muitos executivos e gerentes, isso significa matricular-se em um curso de MBA de uma boa instituição. Para outros, pode ser mais importante participar de um programa de desenvolvimento de executivos, como o que fiz na Universidade de Michigan. Existem programas equivalentes em muitas universidades, no mundo todo, com denominações semelhantes.

Alguns desses cursos exigem dedicação integral e podem durar até um ano. Mas existem inúmeros outros de duração menor. Os mais populares são os seminários de um ou dois dias. Em todos esses casos, o mais importante é escolher aqueles que preencham as suas necessidades para tornar-se um bom gerente.

Muitas vezes, a própria empresa organiza programas internos de treinamento para os seus empregados. O aproveitamento dessas oportunidades pode ser incluído no seu plano de aperfeiçoamento pessoal. Esse plano, como já expliquei, deve descrever as áreas em que se pretende melhorar, dirigindo-o para algum objetivo pessoal claramente definido. Assim, uma importante lição que aprendi foi a de buscar e aproveitar sempre todas as oportunidades de desenvolvimento profissional, sejam elas internas ou externas à empresa.

SEMINÁRIOS DO DMI

Infelizmente, há pouca oferta de oportunidades para o desenvolvimento profissional dos *designers*. Os vários seminários oferecidos pelo DMI – Design Management Institute são uma exceção. Quando fui convidado para apresentar seminários pelo DMI aceitei com prazer, para ajudar a preencher essa lacuna.

O primeiro seminário, intitulado "Gerenciando o Departamento de *Design* na Empresa", teve o objetivo de capacitar os gerentes de *design*. Pretendia-se qualificar esses gerentes para que adquirissem uma visão estratégica das organizações, deixando de ser meros prestadores de serviços.

Gastei cerca de seis meses pesquisando para preparar o seminário, com envolvimento de muita gente. Consultei especialistas em organização de cursos, psicólogos industriais, gerentes de *design* experientes e gerentes não *designers* de várias empresas. Esse processo foi muito instrutivo para mim, principalmente pelos comentários dos gerentes não *designers*.

Descobri duas coisas importantes. Em primeiro lugar, os *designers* profissionais tinham pouco treinamento formal em negócios. Em segundo, a atividade de *design* era pouco conhecida e pouco valorizada pelos gerentes não *designers*. Em geral, os *designers* e os gerentes de *design* não conseguem comunicar claramente a importância do *design* como um fator estratégico nos negócios. A exceção fica por conta dos gerentes de *design* bem-sucedidos na indústria, que sabiam expressar-se claramente sobre o valor do *design* e conheciam o papel do *design* nos negócios. Essas descobertas foram usadas para formular o conteúdo dos meus seminários.

Essa pesquisa me ajudou também a consolidar uma crença sobre o futuro da profissão de *design*. É absolutamente necessário que os *designers* e os gerentes de *design* aprendam uma nova linguagem – a linguagem dos negócios. Também consegui vislumbrar a importância do *briefing* de *design* como instrumento para a execução e acompanhamento dos projetos de *design*. Mais que isso, para mudar a percepção sobre *design* em toda a empresa. Como **segunda lição**, sugiro que você se empenhe ao máximo em melhorar as habilidades de comunicar-se usando a linguagem dos negócios, e use o processo de elaboração do *briefing* como um instrumento para mostrar o valor estratégico do *design*, envolvendo outros profissionais da empresa.

O processo de elaboração do *briefing*, conforme é apresentado neste livro, fornece oportunidades para convencer os gerentes não *designers* sobre o papel do *design* como fator estratégico, podendo contribuir decisivamente para o sucesso ou fracasso dos negócios.

USANDO O MODELO COMO ROTEIRO PARA AS MUDANÇAS

A pesquisa acima referida também me ajudou a formular o modelo para a criação do valor, apresentado no Capítulo 7 (ver Figura 1). Tenho difundido esse modelo há mais de uma década. A maioria das pessoas que adotou esse modelo relata que houve uma mudança notável da percepção sobre o valor do *design*. Contudo, a receita não é milagrosa. As mudanças significativas exigem muita dedicação e certo tempo de maturação. Se não houver esse investimento em esforço e tempo, nada acontecerá. Assim, você continuará sendo um prestador de serviços, desprezado e desvalorizado.

Sugiro que você discuta os diversos elementos do modelo, um a um, com a sua equipe. Bastará reservar vinte minutos por semana para essas discussões. Chame todas as pessoas do grupo para as discussões. Como **terceira lição**, desenvolva um plano de ação e implemente-o. Faça o inventário sugerido no Capítulo 13 e desenvolva um plano de ação para o grupo. A seguir, vem a **quarta lição**: envolva sempre todo o grupo de *design* na elaboração e execução do plano. Nunca trabalhe isoladamente.

Muitos de nós ficamos rodando em falso, durante anos, procurando extrair algum sentido de uma situação confusa. Chegou a hora de parar com isso e avançar para uma direção determinada. Faça isso adotando o processo de elaboração do *briefing* como um guia para essa mudança, de forma rápida e eficiente.

Finalmente, faço um resumo dos preceitos que descobri ao longo dos anos. Muitos deles já foram explicados mais detalhadamente em outras partes deste livro.

- *Envolva os outros no trabalho de design.* Procure informações em outros setores da empresa, pois o *design* é interdisciplinar. Envolva-os nas formulações e avaliações dos problemas, transformando-os em corresponsáveis pelos resultados. Contudo, isso não significa organizar comitês de *design*.

- *Atente para o uso das palavras.* Você não é um mero prestador de "serviços". Em vez de trabalhar "para" procure trabalhar "com" outros parceiros. Você não tem "clientes" ou "usuários", mas "parceiros" para atuar conjuntamente na melhoria dos negócios da empresa.
- *Seja participativo.* Leia os noticiários da empresa para inteirar-se das suas operações. Frequente as feiras e exposições. Acompanhe os vendedores para ter contato com os consumidores. Participe de reuniões dos vendedores, para ouvir o que dizem sobre o mercado. Visite todos os grupos funcionais da empresa. Entenda como desenvolvem as suas atividades. Procure inserir o *design* em cada uma das funções da empresa. Torne-se um aliado, um consultor de *design* para todos os negócios da empresa.
- *Aprenda a comunicar o valor do design.* Difunda o valor do *design* em todos os setores da empresa e consiga aliados, principalmente na área de *marketing*. Colecione estudos de casos de sucesso. Aceite novos desafios.
- *Difunda as informações.* Saia do escritório e ande pelas instalações da empresa. Envie artigos de *design* para as pessoas-chaves da empresa. Escreva artigos para os noticiários da empresa, mostrando aplicações do *design*. Pense em produzir um noticiário trimestral sobre *design* para os empregados da empresa. Não enfatize belezas ou extravagâncias, mas resultados e benefícios proporcionados pelos bons projetos.
- *Consiga apoio do presidente.* Mantenha o presidente sempre informado sobre os projetos em andamento e outras atividades desenvolvidas. Convide-o para visitar o escritório de *design* e para inaugurações e lançamentos de novos projetos.
- *Transforme resistências em aliados.* Mantenha um bom relacionamento com os outros gerentes não *designers*, interessando-se pelos seus problemas e procurando apoiá-los. Assim, eles se tornarão parceiros e participantes na solução dos problemas.
- *Faça um planejamento estratégico.* Trabalhe com o grupo de *design* para formular a missão e objetivos do *design*, coerentes com a política da empresa, de modo que isso fique bem claro para todos.
- *Tenha o seu próprio orçamento.* Tendo um orçamento próprio, não será necessário cobrar outros setores demandantes, para obter ressarcimentos.

Assim, os entendimentos ficarão mais fáceis, por não envolver transações financeiras.

- *Envolva sua equipe em todas as discussões.* Ao envolver as pessoas nas discussões e tomadas de decisão, elas se sentirão mais responsáveis e motivadas. Além disso, os trabalhos fluirão com maior rapidez, pela troca de informações entre os membros da equipe.
- *Invista todo o tempo necessário para alcançar os seus objetivos.* Complete cada trabalho da melhor forma possível, organizando todos os arquivos e registros. Isso será muito útil a longo prazo, podendo economizar tempo e esforço no futuro.
- *Construa uma rede com outros designers externos.* Frequente os eventos da área, a fim de conhecer e trocar experiências com os seus pares de outros lugares. Mantenha contato com eles para permutar ideias e experiências. Esse cruzamento pode ser muito enriquecedor para todos.
- *Persiga as oportunidades de atualização profissional.* Esteja sempre atento para as oportunidades de realizar cursos de atualização para todos os membros do seu grupo.
- *Jamais esqueça do público-alvo.* Consulte sempre o público-alvo para definir as características do projeto e avaliar os resultados. Perder contato com o mesmo poderá ser desastroso.
- *Pense estrategicamente.* Tenha uma visão ampla sobre as consequências e alcance do seu trabalho. Tenha iniciativa, seja proativo, apresente ideias. Não fique esperando pelas ordens ou pedidos dos outros.

Concluindo, a coisa mais importante é aprender a pensar e comunicar de maneira eficiente. Essa é a principal lição que os *designers* deveriam aprender. Os *designers* devem ter a capacidade de apresentar as vantagens e benefícios do *design* de maneira simples, sem usar uma linguagem técnica ou rebuscada. Para isso, eles precisam compreender profundamente os objetivos dos negócios e o papel que o *design* pode desempenhar nesse contexto. O *design* deve atuar de maneira proativa, buscando parceiros e aliados ao longo de toda a empresa.

Finalmente, *design* precisa tornar-se um verdadeiro parceiro estratégico nos negócios, trabalhando **com** as pessoas e não apenas **para** as pessoas.

APÊNDICE

DESIGN MANAGEMENT INSTITUTE

O Design Management Institute – *DMI* – foi fundado em 1975 e tornou-se, hoje, uma das maiores referências mundiais em gestão do *design*. É uma organização não lucrativa, que tem o objetivo de promover o *design* como parte essencial da estratégia de negócios. O DMI ganhou reputação mundial apresentando e difundindo conhecimentos na área através de diversos instrumentos, como cursos, conferências, seminários, publicações e programas para associados.

As atividades do DMI são práticas e dinâmicas, acompanhando a evolução tecnológica e dos negócios, visando sempre a excelência em gestão do *design*. Estas se destinam aos profissionais envolvidos nas atividades de *design*, seja em empresas, universidades, órgãos públicos ou em consultorias. Enfim, a todos os interessados em melhorar os conhecimentos, agregar valor às suas instituições e fazer a difusão do *design*.

O DMI tem apresentado diversos tipos de eventos sobre *design* e *branding* nos Estados Unidos, Canadá e Europa. O programa de qualificação profissional do DMI cresceu rapidamente, oferecendo sete diferentes seminários e liderando os cursos sobre gestão do *design*. Os programas para associados oferecem diversos níveis de participação, desde atividades individuais até institucionais. Incluem-se, entre os membros do DMI, desde profissionais e consultores independentes até representantes das grandes corporações internacionais.

As publicações abrangem a famosa revista Design Management Journal, publicada trimestralmente; o informativo bimestral *DMI News & Views*, distribuído para mais de 15 mil leitores; o noticiário eletrônico *eBulletin*, enviado a 12 mil pessoas, e uma coleção de estudos de casos distribuída pela Harvard Business School Press. O *site www.dmi.org* apresenta muitas informações de interesse para os profissionais e *links* para diversas pesquisas e comércio eletrônico, como também para consultores e associações da área.

Essa vasta gama de atividades e publicações proporciona valiosa ajuda para a atualização profissional, fornecendo informações atualizadas sobre os progressos e tendências da área. Além disso, permite que os profissionais de diversos países se interconectem para troca de informações e ideias.

O DMI é presidido por Earl N. Powell. É assessorado por diretores de diferentes formações, representando várias áreas do conhecimento. Todos são membros de organizações que figuram entre as 500 maiores da *Fortune*. Além disso, o DMI conta também com a colaboração de um conselho internacional, composto pelos principais líderes mundiais em gestão do *design*.

NOTAS

CAPÍTULO 1

[1] Kim Zarney, The Core Creative Concept in Branding: A Streamlined Approach. *Design Management Journal*. Outono 2002: 38.

CAPÍTULO 7

[1] Artemis March, Paradoxical Leadership: A Journey with John Tyson. *Design Management Journal*. Outono 1994: 17.

CAPÍTULO 9

[1] Earl N. Powell. Developing a Framework for *Design* Management. *Design Management Journal*. Verão 1998.

[2] Kenneth R. Andrews. *The Concept of Corporate Strategy*. Homewood: Richard D. Irwin, 1987.

[3] James Adams. *Conceptual Blockbusting*. New York: W. M. Norton & Company, Inc., 1979.

[4] Jay Conger. *Winning 'Em Over: A New Model for Managing in the Age of Persuasion*. New York: Simon & Schuster, 1998.

[5] Edgar H. Schein. *Organizational Culture and Leadership*. New York: Jossey-Bass Inc., 1992.

[6] Peter Keen. *The Process Edge.* Boston: Harvard Business School Press, 1997.

[7] Wendy Briner et al. *Project Leadership.* Hampshire, UK: Gower Publishing, 1990.

[8] Robert A. Anthony. *Essentials of Accounting.* Reading, MA: Addison-Wesley, 1993.

[9] William R. Daniels. *Group Power II: A Manager's Guide to Conducting Regular Meetings.* San Diego: University Associates Inc., 1990.

[10] *Design Management Journal.* Verão 1998:13

BIBLIOGRAFIA SELECIONADA

LIVROS

American Institute of Graphic Arts. *AIGA Professional Practices in Graphic Design,* editado por Tad Crawford. New York: Allworth Press, 1998.

Balmer, John M.T. e Stephen A. Greyser. *Revealing the Corporation.* London: Routledge, 2003.

Borja de Mozota, Brigitte. *Design Management: Using Design to Build Brand Value and Corporate Innovation.* New York: Allworth Press, 2004.

Chajet, Clive. *Image by Design from Corporate Vision to Business Reality.* New York: McGraw-Hill, 1997.

Cohen, Alan R. e David L Bradford. *Influence Without Authority.* New York: John Wiley & Sons, 1990.

Dreyfuss, Henry S. *Designing for People.* New York: Allworth Press, 2003.

Goldbard, Roz. *Careers by Design.* New York: Allworth Press, 2001.

Gorman, Carma. *The Industrial Design Reader.* New York: Allworth Press, 2003.

Harrison, Allen F. e Robert M. Bramson, *The Art of Thinking.* New York: Berkley Books, 1982.

Heller, Steven, e Véronique Vienne, ed. *Citizen Designer.* New York: Allworth Press, 2003.

Koch, H. William, Jr. *Executive Success: How to Achieve It – How to Hold It.* New Jersey: Prentice-Hall, 1976.
Marsteller, William A. *Creative Management.* Chicago: Crain Books, 1981.

PERIÓDICOS

The Design Management Journal. Boston: *Design* Management Institute Press. Publicação trimestral.
Graphic Design: USA. New York: Kaye Publishing. Publicação mensal.
Graphis. New York e Zurich: B. Martin Pedersen. Publicação bimestral.
How. Cincinnati, Ohio: F&W Publications. Publicação bimestral.

ÍNDICE REMISSIVO

IMPRESSÃO E ACABAMENTO
YANGRAF
GRÁFICA E EDITORA LTDA.
WWW.YANGRAF.COM.BR
(11) 2095-7722